오늘도 나는 당신의 삶에
한 잔의 커피를 권합니다

오늘도 나는 당신의 삶에 한 잔의 커피를 권합니다

이왕수 지음

하루를 시작하며 커피 한 잔을 내립니다.
분주한 아침, 식은 마음을 데우듯 따뜻하게 내려지는 그 한 잔처럼
삶에도 그렇게 작은 숨 한 번 쉬어갈 틈이 필요합니다.

좋은땅

프롤로그(Prologue)

《오늘도 나는 당신의 삶에 한 잔의 커피를 권합니다》를 여는 글

하루를 시작하며 커피 한 잔을 내립니다.

분주한 아침, 식은 마음을 데우듯 따뜻하게 내려지는 그 한 잔처럼 삶에도 그렇게 작은 숨 한 번 쉬어갈 틈이 필요합니다.

이 책은 제가 살아오며 경험한 '배움'에 대한 이야기입니다.

책상 앞에서 펼치는 공부만이 아닌,

실수에서 배우고, 사람에게 배우고, 고요한 고백 속에서 깨달아온 것들.

잘 살아 보려 애쓰던 날들의 흔적,

그리고 결국 '배움이 나를 살게 했구나.' 하고 뒤늦게 고개를 끄덕였던 밤들.

그 모든 시간들이 모여 지금의 저를 만들었습니다.

이 글을 읽는 당신의 하루에도

마음 놓고 앉아 마시는 커피 한 잔 같은 쉼이 있기를,

그리고 그 속에서 삶을 배우는 기쁨이 피어나기를 바랍니다.

오늘도 나는 조용히, 당신의 삶에

한 잔의 커피를 권합니다.

서문
기억나지 않아도, 배움은 나를 바꾼다

살다 보면, 마음을 사로잡는 문장 하나에 멈춰 서게 되는 순간이 있습니다.

책에서, 드라마에서, 혹은 누군가의 무심한 말투 속에서—

그 말들이 내 안에서 조용히 울림이 되어 머뭅니다.

'맞아. 이 말, 정말 좋다. 기억해 둬야지.'

그렇게 마음속으로 새기고,

스마트폰 메모장에 옮겨 적으며 몇 번이고 고개를 끄덕였던 날들이 있습니다.

하지만 언제부턴가 그런 말들이 하나둘 흐릿해졌습니다.

그토록 좋았던 문장도, 가슴을 찌르던 깨달음도,

시간의 바람 속에 잊히고, 일상에 파묻혀 그저 그렇게 흘러가 버리곤 했지요.

기억하려 애썼지만 결국 기억나지 않고,

마음에 담아 두려 했지만 끝내 실천하지 못한 것들도 많았습니다.

그런 나를 돌아보며 문득, 이런 생각이 들었습니다.

'그럼 그 수많은 메모와 다짐들은 다 헛된 것이었을까?'

하지만 아니었습니다.
지나온 시간을 조용히 되짚어 보니, 어느 새벽
무기력에 짓눌리던 나를 붙잡은 말이 있었고,
방황의 갈림길에서 나를 일으킨 문장이 있었고,
그 말들 덕분에 다시 걷게 된 순간들이 분명히 있었습니다.
기억나지 않아도, 배움은 내 안 어딘가에 살아 있었던 겁니다.
잊힌 듯 보였지만, 사실은 잊히지 않았던 말들.
그것들이 나를 바꾸고 있었던 겁니다.

나는 이 글을 읽는 당신에게,
꼭 무언가를 '기억해 달라.'고 말하고 싶지는 않습니다.
지식과 지혜를 모두 챙기고 실천하자고 독려하고 싶지도 않습니다.
다만, 당신도 '배우는 사람'이라는 사실을,
그리고 '배움은 결코 헛되지 않다.'는 것을
조용히 함께 되새겨 보고 싶을 뿐입니다.

배움은 늘 거창하거나 위대한 것일 필요가 없습니다.
한 권의 책을 끝까지 읽은 어느 밤,
누군가의 말에 불현듯 나를 돌아보게 된 순간,
아이의 눈빛에서 나의 부족함을 배우는 오후,
혹은 실패 앞에서 깊이 무너져 보며 얻게 된 작은 진심—
그 모든 것이 삶의 배움이었습니다.

이 책은 그런 순간들에 관한 이야기입니다.
부끄럽고, 흔들리고, 때로는 무너졌지만
결국 다시 배우며 살아가고자 했던
한 사람의 조용한 고백입니다.
혹시 당신도 그리 살아오고 있었다면,
우리는 이미 충분히 배우는 사람들이라는 것,
그 사실 하나로도 우리는 서로를 다독일 수 있지 않을까요.

부디 이 책이,
당신의 배움의 기억을 깨우는 한 장면이 되기를 바라며—
배움을 사랑하는 한 사람으로부터.

목차

프롤로그(Prologue):

《오늘도 나는 당신의 삶에 한 잔의 커피를 권합니다》를 여는 글 4

서문: 기억나지 않아도, 배움은 나를 바꾼다 5

1장: 공부(배움)라는 말을 고민해 보며… 10

2장: 배우는 사람이었다 16

3장: 무엇을 위해 살아가는가 20

4장: "몰라요"라는 말 뒤에 숨은 것들 23

5장: 그림은 왜 거짓을 말했을까 26

6장: 무책임함장이 가르쳐 준 흘려보내는 삶 30

7장: 배움은 늘, 삶의 한가운데 있었다 34

8장: 경험은 배움이 되어 돌아온다 42

9장: 새로운 도전은 늘 뜻밖의 선물을 안긴다 45

10장: 배움은 삶을 끓이는 불이다 52

11장: 1,100광년의 거리, 나를 배우게 하다 56

12장: 색을 입는 법을 배우다 59

13장: 거절을 통해 배우는 삶의 태도 65

14장: 말하지 않음의 배려 70

15장: 배움은 결국 사람을 통해 온다 76

16장: 다듬어진다는 것 80

17장: 연마 없는 배움은 야만으로 흐른다 83

18장: 교실 밖의 교실, 삶이 가르치는 배움 86

19장: 질문하는 사람으로 산다는 것 97

20장: 모른다는 말 앞에 함께 서는 용기 111

21장: 배움은 관계다: 나를 변화시키는 만남들 116

22장: 배움은 삶을 닮아간다 139

23장: 배움은 전염된다 145

24장: 배움은 상처 위에 핀다 150

25장: 배움은 반복된다 154

26장: 배움은 방향을 묻는 일이다 159

27장: 배움은 본질로 향하는 길이다 166

28장: 도전하지 않은 삶에서 배우지 못한 것들 170

29장: 경험의 한계를 넘어서는 배움의 방법 176

30장: 메모라는 작은 습관이 주는 큰 가르침 186

31장: 배움, 삶이 내게 가르쳐 준 모든 것 193

감사의 글 199

참고문헌 및 인용 201

글쓴이에 대하여… 202

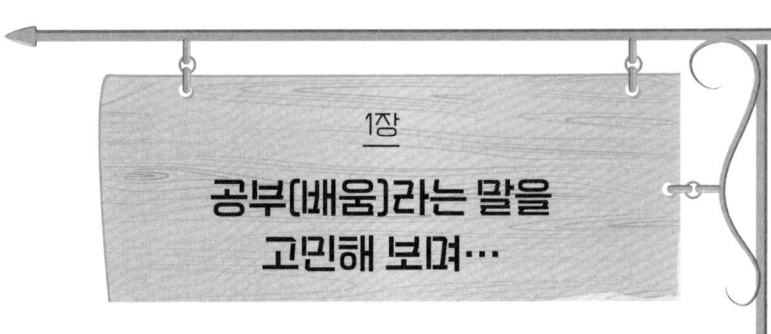

1장
공부(배움)라는 말을 고민해 보며…

흔히 배움을 공부라고 한다.

사전에서도 유의어로 공부가 나온다.

온라인 서점에서 공부라는 키워드로 검색을 해 보면 90% 이상 유아 서적과 어린이서적, 종교서적이 나온다. 마치 공부는 어린아이들과 종교인에게만 필요한 것인가 싶을 정도로 정말 많다.

"공부(工夫): 학문이나 기술을 배우고 익힘."

사전은 이렇게 단정적으로 정의한다.

짧은 문장이지만,

이 말은 우리의 삶 속에서 얼마나 자주, 또 무심히 오르내리는가.

우리는 살아오며, 그리고 여전히 '공부'라는 단어를 수도 없이 말하고 듣고 살아간다.

　나 또한 직업적으로 이 말을 가장 많이 쓰는 사람 중 하나일 것이다.

　공부, 그것을 우리가 가장 많이 하는 시기, 초등학교에서 고등학교까지— 그리하여 일명 '의무교육의 시간' 속에 가장 자주 오가는 말이다.
　아이들과 대화를 나눌 때마다 나는 그들의 속마음을 듣게 된다.
　"왜 공부해야 하는지는 알겠어요. 근데 정말 힘들어요. 너무 재미없어요."
　아이들은 말한다.
　그 말은 결국, "다른 방법이 있다면 공부를 피하고 싶다."는 뜻이다.
　'지금 하는 공부보다 더 쉽고 재밌는 방법이 있다면'이라는 조건이 붙는다.
　그러면서 곧잘 이렇게 말하기도 한다.
　"이건 나중에 쓰지도 않을 거예요."
　"우리 교육은 뭔가 잘못됐어요."
　고개를 끄덕이게 되는 부분도 있다.
　하지만 나는 그 말의 옳고 그름을 따지고 싶은 게 아니다.

　나는 단 두 가지 질문에서 시작해 보고 싶다.
　도대체 공부란 무엇인가?
　그리고, 우리는 왜 공부를 해야 하는가?

공부(工夫): 학문이나 기술을 배우고 익힘.

공부의 사전적 의미는 학문이나 기술을 배우고 익히는 것이라 한다.

공부의 공(工)자는 장인, 기교, 솜씨, 일 등을 뜻하는 한자이고, 부(夫)자는 지아비, 남편, 사내, 장정을 뜻한다.

무척 지금과는 많이 맞지 않는 한자의 조합으로 만들어진 단어를 우리는 그렇게나 매일 쓰고 있다. 학문과 기술은 어찌어찌 욱여넣어서 한자 속에 의미가 있다 하더라도 배우고 익힘의 뜻은 어디서 주워 왔는지….

내가 한자를 그다지 좋아하지도 않거니와 더불어 나는 언어학자가 아니니 더 논하고 싶지도 않다. 그래도 단어의 뜻은 중요하기에 다 찾아보려고 한다.

일본 츠쿠바대학(筑波大学 / University of Tsukuba)에서 ('漢日 비교문학' 중 언어학적 접근으로 '한시'를 한문과 일본어[고문]로 대조하는 학문의) 박사과정 중인 제자에게 위에서 제기한 내용을 문의했더니 아래와 같은 답이 돌아왔다.

"파생된 것이지 않을까요? 1차적 의미는 일단 자의(字義)에서 '장인 혹은 그에 버금하는 일에 종사하는 사람' → '(몸으로) 힘쓰다' → '(머리로) 힘쓰다' → '생각하다, 고안하다' → '학문·기술 등 추상적인 것'….

이런 식으로 가지 않았을까 싶네요, 제 추측으로는….

참고로 일본어에서 工夫[くふう]는 '궁리하다, 골똘히 생각하다'로 쓰입니다. 우리가 아는 '공부'는 '勉強[べんきょう]'로 대체하죠. 사실 이쪽이 더 납득이 가긴 합니다만…. ㅎㅎ"

그 말을 듣고 나니 문득 실소가 나왔다.
우리가 매일같이 입에 올리는 이 '공부'란 말은, 원래는 장인이나 사내들이 땀 흘려 고안하고 궁리하던 것에서 비롯된 단어였다니.
'머리와 몸을 다 써야만 하는 고된 일'……
어쩌면 공부란 그런 것이었을지도 모른다.

다시 공부의 사전적 의미로 돌아가서 그럼 학문과 기술은 무엇일까?

사전적으로는,

학문(學問): 어떤 분야를 체계적으로 배워서 익힘. 또는 그런 지식.

기술(技術): 과학 이론을 실제로 적용하여 사물을 인간 생활에 유용하도록 가공하는 수단. 사물을 잘 다룰 수 있는 방법이나 능력.

이라고 정의되어 있다. 다시 정리하면 '무엇인가를 잘 다루는 능력과 어떤 분야의 체계적 지식을 배우고 익힘이 공부'라는 것이다.

그런데 이 정의에서 진짜 중요한 건 무엇일까?

'공부를 한다.'라는 것의 무게중심은 '무엇을(어떤 분야를)'이 아니고 '배우고 익힘'이라는 것이다.

그럼에도 현실에서 공부란 언제나 '어떤 분야'로 고정된다.

대부분의 십대들에게 공부는 곧 국어, 영어, 수학이다.

과목의 이름이 공부의 이름처럼 굳어져 버린 것이다.

아이가 "엄마, 나 공부하고 왔어."라고 말하면 대부분의 부모들은 학교에서 또는 학원에서 배우는 주요 과목의 배운 내용을 숙달하기 위해 연습하다가 왔다는 의미로 받아들인다.

극단적인 예로 아이가 PC 게임방에서 게임 캐릭터의 레벨을 올리기 위해 연구하고 몰입하고 열정을 다해 연습했다고 그것을 공부라고 하지는 않는다. 물론 나는 그것도 공부일 수 있다고 생각하지만 (대부분의 사람들은) 일반적으로 프로게이머 정도에게만 해당된다고 생각할 것이다.

왜 우리는 그렇게 생각하게 되었을까?

공부는 정말 '무엇을' 하느냐에 따라 정해지는 것일까?

우리가 배우고 익힌다는 말의 본래 의미는 어디로 사라진 걸까?

나는 이 글을 읽는 당신이, 잠시 멈춰 서서 이 질문을 떠올려봤으면 좋겠다.

[지금 내가 하는 '공부'는 무엇일까?]

[나는 지금, 무엇을 배우고 익히고 있는가?]

그것이 단지 누가 시켜서 억지로 하는 것인지,

아니면 나를 조금 더 이해하고, 이 세계를 더 깊이 들여다보기 위한 나만의 공부인지.

그 차이는 생각보다 아주 크다.

2장
배우는 사람이었다

어느 날, 문득 이런 생각이 들었다.
"나는 이 나이가 되도록, '재능'이라는 단어를 나에게 쓸 수 있을까?"
그 질문 앞에서 마음 한쪽이 시렸다.
나는 정말, 잘하는 것이 하나도 없는 사람일지도 모른다는 불안감.
그보다 더 두려웠던 건,
그동안 그 사실조차 모르고 살아왔다는 자각이었다.
하지만 그 불안한 질문 끝에, 아주 작은 희망 하나가 따라왔다.
"그래도 나는, 배우는 사람이었잖아."
기타를 잘 친다고 믿었던 시절,
나는 남들보다 훨씬 더 많은 연습을 했다.
노래를 잘한다고 생각했던 때에도,

새벽까지 찬양 악보를 만들고 음원을 분석하며 시간을 보냈다.
잘하고 싶어서였을까.
아니면, 부족함을 감추고 싶어서였을까.
어쨌든 나는 끊임없이 배우고 익혔다.
그래서 이제는 말할 수 있다.
나는 재능 있는 사람은 아닐지 몰라도,
배움을 멈추지 않는 사람은 분명하다고.
그 자각은 나에게 큰 위로가 되었다.
그리고 또 다른 질문으로 이어졌다.
"그럼 앞으로도, 배울 수 있지 않을까?"
그 질문은 나를 다시 걷게 하는 힘이 되었다.
무엇 하나 제대로 붙들지 못한 채,
대충 살아낸 시간들.
그 시간들이 모두 지나고 나서야 비로소 알게 되었다.
그때, 내가 조금만 더 진심으로 배움에 임했더라면—
조금만 더 나를 믿고, 용기 내어 움직였더라면—
지금의 나의 깊이는 얼마나 달라졌을까.
그 아쉬움은 지금도 가끔 마음을 툭, 건드린다.
하지만, 그런 시간들도 결국은 '나'였기에
지금의 **'배움을 사랑하는 나'**가 만들어졌다는 사실을
이제는 감사한 마음으로 마주할 수 있다.

서른 즈음 되었을 때,

나는 아주 우연히 책 한 권을 끝까지 읽었다.

그리고 그 책 한 권이 나를 조금 바꾸어 놓았다.

열심히 메모까지 하며 읽었지만,

사실 지금은 그 책이 무슨 내용이었는지도 잘 기억나지 않는다.

아니, 그 책이 중요한 게 아니라

'책 한 권을 끝까지 읽었다는 사실'이 나를 바꾼 것이다.

그게 그렇게 기뻤다.

처음엔 왜 그런지 몰랐다.

그저 신기하고,

그 안에 모르는 말을 검색해가며 이해하는 과정이 재미있었다.

무언가를 '배웠다'는 것 자체가

나를 살아 있게 만들었다.

그때 배움의 기쁨이 비로소 내 삶 안으로 들어왔다.

아무도 시키지 않았지만,

어떤 시험을 준비하는 것도 아니었지만,

나는 스스로 책을 찾아 읽었고,

그 안에서 길을 찾고, 나를 키워 갔다.

그제야 알았다.

삶을 진짜로 살아낸다는 것은

조금씩, 그러나 꾸준히 배우는 일이라는 것을.

작은 것 하나라도 새로 알게 되면,
어제보다 나은 내가 된다는 것을.
이제 나는 '배움'에 애착이 생겼다.
그 애착은 욕심이 아니라 기쁨이다.
그리고 이제는 이 말의 의미도,
정말로 이해할 수 있게 되었다.

"실패란 건,
성공하지 못한 것뿐이지
큰일은 아니다."

— 애니메이션 〈몰락 예정 귀족〉 중, 리암의 말

나는 실패했었고,
그래서 방황했고,
그 방황 끝에서
다시 배움을 사랑하게 되었다.

3장
무엇을 위해 살아가는가

인정이라는 이름의 그림자

밤이었다.

하루를 어수선하게 마친 뒤, 무심코 책상에 앉았다.

작은 스피커에서 흘러나오는 피아노 선율이 방 안을 천천히 적셨고,

나는 그 소리에 이끌려 앉은 채로 가만히 귀를 기울였다.

의식은 천천히 하루에서 멀어지고,

내 안의 어떤 감정이 물처럼 번져 나갔다.

그때 문득 이런 생각이 떠올랐다.

"나는 지금 무엇을 바라보며 살고 있나?"

그 질문 하나가 마음속을 정돈할 수 없을 정도로 흔들어 놓고 있었다.

그리고 이어지는 생각들.

나는 왜 이렇게 분주하게 살아가는가.

왜 이토록 열심히 살아야만 한다고 느끼는가.

내 삶을 찬찬히 들여다보니, 익숙한 무언가가 떠올랐다.

인정이었다.

나는 누군가에게 인정받기 위해 이토록 바쁘게 살아가고 있었다.

아내에게는 좋은 남편으로,

아이들에게는 괜찮은 아빠로,

직원들에게는 든든한 대표로,

심지어는 하나님께도…

"괜찮은 나"로 인정받고 싶은 마음이 늘 있었던 것이다.

그러고 보니, 어릴 때부터 그랬던 것 같다.

성실하다는 말, 노력을 인정받는 것, 칭찬받는 것.

그 모든 것이 내 존재를 증명해 주는 증표처럼 느껴졌고,

그 증표를 잃지 않으려 애썼다.

하지만 이제는 묻고 싶다.

"그게 그렇게 중요한 걸까?"
"내가 나를 인정하지 않으면, 그 어떤 인정도 의미 없지 않은가?"

불현듯, 온몸에 적막이 내려앉았다.

모든 것이 덧없게 느껴졌다.

이렇게 살아온 내 삶이 부질없는 것이었다는 말이 아니다.

다만, 나라는 사람이 지금 이 순간 무엇을 위해 발을 내딛고 있는지,

그 방향이 진심에서 나오는 것인지,
아니면 두려움에서 도망치는 건 아닌지,
그걸 마주하게 된 것이다.

"마지막엔 결국 혼자일 텐데…
혼자가 되는 것이 두려워서 인정이라는 옷을 입고
그 안에 숨은 건 아닐까."

창밖을 보았다.
세상은 고요했고,
나는 그 안에서 아주 작고 고요한 나 자신을 만났다.
잠깐이었지만, 아주 또렷하게.
그 순간 깨달았다.

"아웅다웅, 아등바등, 아득바득…."
우리는 세상을 이렇게 살아간다.
그 살아가는 순간 속에서
좋은 것이든, 나쁜 것이든, 아름다움이든, 의미든,
결국 모든 것은 사라지는 것일 수도 있다.
하지만 그 사라짐을 바라보며 그 모든 것에서
"내가 배운 것이 있다면, 그것은 헛된 것이 아니라는 것."

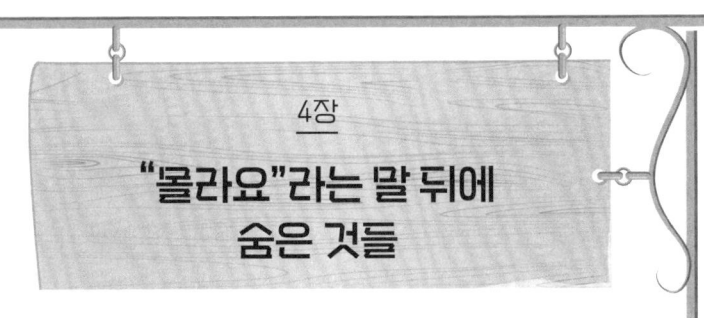

4장
"몰라요"라는 말 뒤에 숨은 것들

희미한 대답 속에서 배움을 기다리는 시간

아이들에게 물어본다.

"10년 뒤, 너는 어떤 모습이 되고 싶니?"

그 질문을 받은 아이들은 조용히 고개를 떨군다.

그리고 어김없이 돌아오는 대답.

"몰라요."

처음엔 그 대답이 당황스러웠다.

하지만 이젠 너무 익숙해져 낯설지도 않다.

무표정한 얼굴 뒤에 숨은 작은 떨림,

나는 오히려 그 안에서 더 깊은 무게를 느낀다.

진지함이 비웃음이 되는 시대.

무언가를 진심으로 말하는 것이
'오글거린다.'며 조롱받기 쉬운 교실 안.
아이들은 더 이상 자기 생각을 말하지 않는다.
아니, 말하지 않도록 학습되어 왔는지도 모른다.
질문을 받고도 생각하기보다
'적절한' 무반응으로 넘어가는 법을 익혀 버린 아이들.
지금의 아이들은 너무 자주 상처받았다.
꿈을 말했다가
"그렇게 해서 그게 가능하겠냐?"
라는 말을 들었고,
희망을 꺼냈다가 현실이라는 이름의 벽에 부딪혔다.
그래서 이제는 차라리 기대하지 않기로,
'모른다.'고 말함으로써 스스로를 지키기로 한 것이다.

"이게 어디에 쓰이냐?"는 물음,
"배워서 뭐하게요."라는 냉소적인 한숨.
그 속에는 무지가 아니라 두려움이 있다.
희망을 품었다가 꺾인 경험이 만든 조심스러움,
감정을 드러내는 것이 약점이 되는 세상에 길든 조용한 방어.
그렇게 아이들은
질문에 답하지 않는 법을 배우고,
꿈꾸지 않는 쪽을 선택하며 살아간다.

하지만 나는 안다.
그들의 "몰라요."는
아무것도 없는 공허함이 아니라,
아직 꺼내지 못한 이야기가 담긴 조용한 응답이라는 것을.

그래서 나는 다그치지 않는다.
대신 조심스럽게 묻는다.
오늘도, 내일도, 반복해서.
그리고 진심으로 귀 기울인다.
아이들의 마음이 언젠가 문득 말문을 열 날을 위해.
"저, 사실은… 해 보고 싶은 게 있어요."
그 한마디를 들을 수 있는 순간을 기다리며.

"몰라요."
그 짧은 대답 뒤에 숨어 있는 수많은 가능성과 상처,
아직 말로 표현하지 못한 꿈들을 나는 믿는다.
배움은 때로 말없는 시간 속에서 자란다.
그리고 선생의 일은
그 침묵 속에서 조용히 피어나는 씨앗 하나를
끝까지 기다리는 일이다.

5장
그림은 왜 거짓을 말했을까

전체 학원생을 대상으로 테스트를 하는 어느 금요일이었다.
교실마다 팽팽한 긴장감이 감돌았고,
나는 그 분위기를 조용히 지켜보며 감독하고 있었다.
그때, 중학교 2학년 교실에서 몇몇 아이들이 손을 들었다.
"선생님, 이 문제 좀 이상해요."
아이들은 문제 하나를 가리키며 말했다.
"조건대로 계산하면 답은 이렇게 나오는데, 그림이랑 안 맞아요."
나는 잠시 고개를 끄덕이며 대답했다.
"그림을 믿지 마. 일부러 그래. 조건은 맞지만 그림은 일부러 헷갈리게 틀리게 그려 놓은 거야. 그런 문제야."
그리고 나는 설명을 덧붙였다.

"몇 년 전 수능에서 어떤 학생이 문제 조건을 안 보고 '자'로 도형을 직접 재서 푼 일이 있었어. 정답을 맞히긴 했는데, 의도한 방식이 아니었지. 그래서 그 이후부터는 일부러 그림은 조건과 다르게, 헷갈리게 그려서 그런 문제 해결을 막으려는 거야."

아이들은 고개를 끄덕였다.

이해하는 눈치였다.

그 순간까지만 해도 나도 그런 설명에 아무 의심이 없었다.

오히려 교육자로서 '실제 시험의 출제 의도'를 설명해 주는 나 자신에게 약간의 뿌듯함도 느꼈다.

하지만, 시간이 조금 흐른 뒤, 마음 한편에서 이상한 감정이 올라왔다.

설명은 했지만… 정말 이게 맞는 걸까?

"일부러 틀린 그림을 그려서, 그걸 믿고 푸는 학생은 실수하게 만들겠다? …."

이게 과연 교육의 방식인가?

이게… 옳은가?

"가르침은 정직해야 한다."

수학은 특히 그렇다.

주어진 조건 안에서 논리적으로 사고하고, 그 결과를 증명해내는 과정이다.

그 모든 전제는,

'조건들이 참이어야 한다.'
라는 믿음 위에 놓인다.
그런데, 의도적으로 조건과 다른, 왜곡된 그림을 넣는 건 결국 '거짓 조건' 아닌가.
학생은 문제 속의 그림도 하나의 정보이자 단서라고 생각할 수 있다.
그 단서가 틀렸다면, 그것은 실수가 아니라 함정이다.
그것은 배움의 실패가 아니라, 교육의 기만이다.
나는 혼잣말처럼 되뇌었다.
"그림을 믿지 마."
하지만 그 말은 어쩌면,
"너는 주어진 걸 믿지 마."
"세상은 함정을 파놓고 널 시험할 거야."
라고 말하는 것과 같았다.
그 순간, 마음 깊은 곳에서 뭔가 무너지는 소리가 들렸다.
나는 지금, 아이들에게 어떤 메시지를 전하고 있는 걸까?

배움이란, 속임수와 덫을 피해 가는 생존술이 아니라,
진실을 탐구하고 마주하는 과정이어야 하지 않을까?
문제 하나가 나를 다시 돌아보게 했다.
아이들이 묻는 질문 하나가 나를 흔들어 깨웠다.
그래서 이제 나는 이렇게 생각한다.
배움과 가르침은 지식만을 주고받는 것이 아니다.

그것은 진실을 나누는 일이다.

정직함을 배우는 일이다.

그리고, 서로를 신뢰하는 법을 익혀 가는 일이다.

나는 오늘도 수업을 준비하며 생각한다.

문제가 아니라, 내가 정직한가.

아이들이 아닌, 내가 진실한가.

6장
무책임함장이 가르쳐 준 흘려보내는 삶

아주 오래된 고전 애니메이션 중에
내 마음 깊숙이 각인되어 버린 작품이 있다.
우리나라에선 '무책임함장 캡틴 테일러'라는 이름으로 방영된,
어딘가 유치하고 황당한 SF물.
주인공은 스무 살의 무직 청년.
어떤 날 우연히 지구방위군의 모집 공고를 보고 별 생각 없이 입대하고,
전혀 군인답지 않은 태도로
그저 느긋하게, 웃으며,
매 순간을 '자기답게' 살아간다.
그는 늘 기대 이하였고, 늘 엉뚱했고, 늘 웃고 있었다.

그런데 이상하게도,
중요한 순간마다 그는 중심을 잡았다.
위기의 순간에도 평소와 다름없이 느긋하게 움직였고,
그가 던진 가벼운 한마디에
사람들이 숨을 돌리고, 다시 나아갈 수 있었다.
무언가 아이러니했다.
그는 늘 무책임해 보였는데,
어쩌면 가장 깊이 책임지고 있었는지도 모른다는 생각이 들었다.

처음엔 그저 웃으며 봤던 이 애니메이션은
시간이 지날수록 내 안에 오래 머물렀다.
그리고 아주 조용히, 내 인생의 문장 하나로 남았다.

"내가 할 수 있는 것들을 다하고, 나머지는 하늘에 맡긴다."

단순하고 유치한 대사라고 넘길 수도 있지만,
어느 날 문득 나는 그 문장을 곱씹고 있었다.
정말 그렇게 살 수 있다면…
삶은 얼마나 자유로울 수 있을까?

나는 30년 가까이 아이들에게 수학을 가르쳐왔다.
모든 것이 계산되고, 정답이 있는 세계 속에서

오답이 나올 가능성을 줄이고, 아이들의 실수와 빈틈을 메우는 데 익숙해져 있었다.

즉 아이들과 나 자신이 정답을 구할 수 있도록 연습을 시키는데 특화되었다.

그런데 가만히 돌아보면,

삶이란 오히려 '답이 없는 문제'를 끊임없이 마주하는 과정이었다.

어떤 아이는 자신이 정한 목표를 위해 애쓰고,

어떤 아이는 남들이 정해준 목표를 따라가느라 숨이 가쁘다고 말한다.

그들에게 나는 늘 묻는다.

"지금 너는, 너 자신의 삶을 살고 있니?"

그리고 나는 나 자신에게도 같은 질문을 던진다.

"나는, 얼마나 내려놓을 수 있는가?"

어느 날, 한 아이가 수업이 끝난 후 문득 내게 물었다.

"선생님, 가끔은 그냥 아무 생각 없이 살아도 되는 거 아닐까요?"

그 순간 나는 그 함장을 떠올렸다.

진심으로 걱정하고, 진심으로 웃고, 진심으로 '지금 이 순간'을 살던 그 사람.

그래서 나는 아이에게 이렇게 답했다.

"그럼, 그럴 수 있어.

우리가 매 순간 진심을 다한다면,
가끔은 아무 생각 없이 살아도 괜찮아."
"내가 할 수 있는 것들을 최선을 다해서 하고, 나머지는 하늘에 맡겨 봐."
내가 해줄 수 있는 말 중
가장 솔직한 진심이었다.

삶은 꼭 의무처럼 무겁게만 살아야 하는 게 아니었다.
해야 할 것을 다했다면,
그다음은 하늘에 맡기고 걸어가는 것.
이제 나는 그 마음을 조금 배운 것 같다.
무책임함장에게,
감사한 제자의 마음으로 이렇게 말해 주고 싶다.
"그때 당신이 가르쳐 준 그 한 문장이
내 삶을 조금 더 자유롭고 따뜻하게 만들었습니다."

7장
배움은 늘, 삶의 한가운데 있었다

나는 이제야 안다.
배움은 책상 앞에만 있지 않았다는 것을.
배움은 내 일상에, 내 관계에, 내 하루하루에
아주 조용히, 그러나 단단하게 깃들어 있었다는 것을.
예전엔 배움이라 하면
학원, 책상, 공부, 시험을 먼저 떠올렸다.
그런데 살아 보니, 진짜 배움은
문득 내 마음이 흔들릴 때,
누군가의 말에 상처받았을 때,
아이가 울며 내게 다가왔을 때,
하루가 끝난 밤, 불 꺼진 방에서 조용히 나를 돌아볼 때 그때야말로 배움이 가장 깊게 들어오는 순간이었다.

마트에서 계산을 기다리며
한 할머니가 동전 지갑을 열다가
조금 오래 걸리는 모습을 보았다.
뒷사람이 조급한 표정을 지었고,
순간 나도 모르게 발끝이 흔들렸다.
그 순간, 나도 모르게 내 안에서
'인내'라는 단어가 하나 피어올랐다.
"배움이란, 누군가를 기다려 주는 것도 포함되는구나."

아이를 가르치다가,
어느 날 아이가 내게 말했다.
"선생님은 항상 아는 걸 쉽게 말하는 것 같아요."
나는 그 말이 기뻤지만
동시에 찔렸다.
나는 '쉽게' 말했지만,
정말 '쉽게' 이해할 수 있도록 배려하고 있었던 걸까?
그 순간 나는 깨달았다.
"배움을 위한 가르침이란, 내가 얼마나 잘 아느냐 하는 지식에 있는 것이 아니라 상대가 쉽게 이해하고, 편하게 느낄 수 있도록 하는 배려와 사랑에 있다."

길을 걷다가 쓰러진 자전거를
누군가 조용히 세우는 장면을 보았다.
그 장면 하나가,
내 안에서 나에게 계속 무언가를 따지고 싶어 하는 듯 느껴졌다.
그 사람은 아무 말도 하지 않았지만,
그 행동이 하나의 '교과서'처럼 보였다.
배움은 가르치는 사람이 아니라,
실천하는 사람으로부터 배운다.

나를 불편하게 했던 사람들도 있었다.
괜히 날 무시하듯 말하거나,
내 진심을 오해했던 사람들.
그들과의 관계에서
나는 말없이 참으며 배웠다.

오해를 풀 수 없을 때는 침묵의 힘을,
상처를 감당할 때는 내 마음의 무게를.
그들도 나의 스승이었다.
아프게 가르쳐 준, 소중한 스승.

어느 날은 밥을 하다가,
불 조절을 깜빡해 밥을 태웠다.

처음엔 짜증이 났지만
그 냄새가 퍼지는 주방에서 나는 생각했다.
"인생도 이렇지.
서두르면 태우고,
놓치면 설익고,
시간을 잘 맞춰야 맛이 난다."
밥 한 끼에서도 배움을 얻을 수 있다는 사실이
나를 조금 울컥하게 했다.

《중용》에는 이런 문장이 있다.

人一能之 己百之, 人十能之 己千之.
(인일능지 기백지, 인십능지 기천지)

남이 한 번에 해내면 나는 백 번을 하고,
남이 열 번 만에 익히면 나는 천 번을 하겠다.

이 문장이 마음에 오래 머물렀다.
왜냐하면 나는 대부분 '천 번'의 사람이었기 때문이다.
무언가를 단박에 해내는 재능보다는
자꾸 넘어지고 돌아서고 멈췄다가
다시 시작해야 하는 사람이었다.

그러나 이제는 안다.
그 천 번의 시간이 결코 헛되지 않았음을.
그 수많은 일상과
작은 감정들 속에 배움이 있었다는 걸.
배우지 않으면 몰라도
이미 배우기 시작했다면 멈추지 말라는 말.
묻지 않으면 몰라도
이미 묻기 시작했다면 끝까지 가야 한다는 말.
그 말들은 더 이상 고전 속 문장이 아니다.
나의 하루에 스며든 삶의 언어들이다.

나는 이제, 어떤 책보다도
삶에게 배운다.
사람에게 배운다.
실패에게 배운다.
그리고 오늘도, 나 자신에게 배운다.

…. 그리고, 사랑하는 너에게
혹시 지금,
뭘 해야 할지 몰라 멍하니 앉아 있는 너라면—
아무것도 이룬 게 없다고 느끼는 너라면—
제발 잊지 마.

너는 지금도 배우고 있는 중이야.
실수도, 후회도, 방황도
다 배움의 한가운데 있는 증거야.
세상이 말하는 성공의 속도에 비해
느리다고 자책하지 마.
중요한 건, 배움의 방향이지
속도가 아니니까.
누군가는 열 번 만에 배우고,
누군가는 백 번이 걸릴 수 있어.
하지만 그 백 번의 시간 속에
너만의 깊이와 너만의 이야기가 담겨 있어.

배움은 언제나
진심인 사람 편이야.
포기하지 않는 사람,
다시 시작하는 사람,
비틀거리면서도 한 발 내딛는 사람의 손을 꼭 잡아 줘.

나는 이제 안다.
누군가의 따뜻한 말 한마디가
얼마나 큰 배움이 될 수 있는지를.
내가 나에게 더 부드러워질수록

남을 더 깊이 이해하게 되는 이치도 알게 되었고,
그 이해가 결국 또 다른 배움으로 연결된다는 것도 느꼈다.
그러니 당신도 스스로에게
조금만 더 친절해졌으면 좋겠다.
실수해도, 돌아가도 괜찮다고
당신 스스로를 안아 줬으면 좋겠다.
그 품 안에서
또 하나의 배움이 시작될 테니까.

그리고, 내가 가르치는 아이들에게…….

사랑하는 아이들아,
너희가 넘어진 날,
그게 끝이라고 생각하지 않길 바란다.
넘어지면서 배우는 사람이
언젠가는 정말 단단한 사람이 된단다.
무언가를 잘 못 해도 괜찮아.
대신 '잘하고 싶다.'는 마음은
절대로 놓지 않았으면 해.
선생님도,
지금도 배우는 중이야.
그래서 너희와 같이 웃고, 같이 실수하고,

같이 나아가는 게 너무 기쁘단다.

배움은,
끝이 아니라
살아 있다는 증거야.

나는 오늘도 배운다.
그리고 그 배움이
내 삶을 조금씩, 그러나 확실하게
빛나게 만들고 있다는 사실을 믿는다.

8장
경험은 배움이 되어 돌아온다

처음 그 순간에는 몰랐다.
그것이 나를 얼마나 단단하게 만들고,
얼마나 깊이 있는 사람이 되게 할지.

십대 후반, 나는 한 번의 큰 실수를 했다.
누구에게나 있는 철없는 판단이었다고 말하기엔 너무 뼈아픈 기억이었다.
그날 이후로 나는 사람을 믿는 데 더디고,
결정을 내릴 때마다 마음속에서 작은 회의가 고개를 들곤 했다.
그 시절, 나는 누군가에게 깊은 상처를 주었고,
그리고 받았다.

그로 인해 나 또한 오랫동안 자책감의 감옥에 갇혀 있었다.
그 일은, 책으로는 배울 수 없는 고통이었고,
누군가의 말로도 쉽게 위로받을 수 없는 깊은 후회였다.
하지만 시간이 지나,
나는 그 경험이 내 삶의 방향을 아주 조금씩 바꾸고 있음을 알게 되었다.
좋은 쪽으로도 때론 나쁜 쪽으로도,
사람을 대하는 태도가 달라졌고,
함부로 말을 던지지 않게 되었으며,
무언가를 선택할 때엔 늘 '그 선택으로 인해 아플 누군가'를 먼저 떠올리게 되었다.
물론 그 누군가가 나일 수도 있다는 생각도 한다.

어느 날,
학원에서 한 아이가 조심스레 내게 말했다.
"선생님은… 뭔가 저한테 화내지 않아도
제가 뭘 잘못했는지 알게 해 줘요.
그래서 더 미안해져요…. 이상하죠?"
나는 그 아이가 무심히 내뱉은 그 말이,
오래도록 내 안에 남아 있던 한 경험에서 비롯되었음을 깨달았다.
예전 같았으면 성급하게 지적했을 말들을,
그 아이에게는 한 박자 늦게, 좀 더 부드러운 시선으로 꺼내게 되었던 것이다.

그제야 나는 알게 되었다.

의식하지 못했지만 고통스러웠던 그 경험이,

계속 후회했던 그 때의 나쁜 판단이,

누군가에게는 따뜻한 배움의 통로가 될 수 있다는 사실을.

배움은 꼭 누군가의 강의나 책에서 오는 것만은 아니다.

때론 우리가 겪는 실수, 실패, 아픔, 부끄러움이

가장 깊고 오래 남는 '진짜 배움'이 되기도 한다.

겪어 보지 않았다면 몰랐을 마음,

해 보지 않았다면 깨닫지 못했을 변화.

그것들이 모여 나를 만든다.

그리고 그 배움은 언젠가,

누군가에게로 흘러간다.

"살면서 겪는 모든 것은, 언젠가 누군가를 이해하게 해 주는 씨앗이 된다.

경험은 배움이 되어, 결국 나를 사람답게 만든다."

9장
새로운 도전은 늘 뜻밖의 선물을 안긴다

노트북이 사망했다.

전원을 켜도 반응이 없었다.

덜컥 불안한 마음에 AS센터로 가져갔더니 돌아온 말은 하나였다.

"메인보드 고장입니다. 수리비는 60만 원 정도 나올 거예요. 새로 사시는 게 나을 듯합니다."

아, 이 정도면 이미 사망 선고다.

나는 체념하며 새 노트북을 주문했다.

그리고 기존 노트북은 부품이라도 살려 보자며 조심스레 분해를 시작했다.

하드디스크, SSD, RAM…. 살릴 수 있는 건 최대한 살려 보자는 심정이었다.

그런데, 믿기 힘든 일이 벌어졌다.

AC 전원을 연결하자 죽었던 노트북이 다시 살아난 것이다.

배터리는 0%, 아무 생명 신호도 없던 녀석이 전기를 먹자 멀쩡히 켜진다.

이건 마치 영화에서나 볼 법한 기적의 순간 같았다.

"아니, 이게 왜…?"

이미 새 노트북은 내 책상 위에서 잘 돌아가고 있었기에, 졸지에 나는 노트북 두 대를 갖게 되었다.

살아나지 못했던 건 기계가 아니라, 내 '시도하려는 마음'이었는지도 모른다.

며칠 뒤, 원장실 또 다른 노트북이 전원이 들어오지 않았다.

같은 기종, 비슷한 증상.

전에도 같은 기종을 센터에 맡겼던 기억이 떠올라 또다시 AS센터를 찾았다.

결과는 똑같았다.

"메인보드가 노화되어 교체가 필요합니다. 교체비는 60만 원입니다."

아, 이쯤 되면 학습 효과가 생긴다.

노트북을 다시 들고 와 분해를 시도했다.

전원 문제일 것 같아 배터리를 떼어내고 AC 전원만 연결해봤더니 잠시 화면이 깜빡인다.

'가능성이 있겠다.'

먼지를 정리하고, 배터리를 다시 연결하고, 혹시 모르니 옆에 소화기까지 비치한 뒤 심호흡을 하며 전원을 눌렀다.

그런데…

또 살아났다.

60만 원짜리 메인보드 수리를 권유받았던 노트북이, 내 손에서 다시 작동한 것이다.

그 순간, 나는 웃음을 터뜨릴 수밖에 없었다.

'이게 이렇게 쉬운 거였다고?'

배움은 종종 이렇게 우연을 가장해 찾아온다.

처음엔 그저 고장 난 노트북을 안고 고민하며 방법을 찾는 과정이었고,

다음엔 우연을 통한 단순한 수리 시도였지만,

그 모든 경험 속에서 나는 분명히 '배웠다'.

도전은 큰 용기가 아니라

"한번 해 볼까?"

라는 마음에서 시작된다.

그 시도는 종종 우리가 생각한 것보다 더 많은 걸 우리에게 가르쳐 준다.

기계가 고장 나고, 수리가 필요하고,

새것을 사야 한다는 판단은

어쩌면 너무 쉽게 내리는 포기의 다른 이름일지도 모른다.

살면서도 그렇다.
뭔가 잘 안 풀릴 때, 우리는 자주 '고장 났나.'고 생각하고
그냥 다른 길로 돌아서거나, 아예 새로 시작하려고 한다.
하지만 가끔은 그 자리에 다시 서서,
먼지를 닦고, 전원을 눌러 보는 것만으로
'부활'은 시작된다.
삶도, 사람도, 배움도 그렇다.
우리가 먼저 시도하면,
의외로 많은 것들이 다시 살아난다.
나사 몇 개를 풀고, 먼지를 닦고, 연결을 다시 하고, 전원을 눌렀을 뿐이다.
그런데 그 아주 작은 움직임이 '다시 살아나는 기적'을 만들었다.

그 경험은 말없이 내게 가르쳐 주었다.
삶의 고장도, 그렇게 수리될 수 있다는 걸.
우리는 종종 '거창한 변화'만을 바라보며
지금 당장의 작고 단순한 시도는 무시해 버린다.
삶이 힘들고, 마음이 고장 난 것 같을 때
그저 멈추고, 쉬고, 스스로를 뜯어보는 것만으로도
충분히 다시 작동할 수 있다는 걸 자주 잊는다.

'분해'라는 건 단지 기계를 열어 보는 기술이 아니다.
때로는 마음을 들여다보는 태도다.
내가 왜 지쳤는지, 무엇에 걸려 있는지,
어디서부터 고장이 시작되었는지 살피는 일.
'청소'는 삶의 맥락에서도 그렇다.
생각을 정리하고, 불필요한 감정을 털어내는 것.
무엇보다 중요한 건, 다시 전원을 눌러 보는 용기다.
혹시나 또 안 될까 봐,
혹시 이번에도 실패할까 봐 망설이기보다는
그저 한 번 더 눌러보는 태도.
나는 그 작은 수리의 기술을 통해
삶도 결국은 그렇게 고쳐 가야 한다는 것을 배웠다.
거창한 계획 없이도, 완벽한 매뉴얼 없이도
작은 시도들이 우리를 다시 움직이게 한다는 것을.
한 권의 책을 읽고 마음이 달라지는 일,
한 문장의 위로에 다시 하루를 버티는 일,
고장 난 물건 하나를 고치며 자신감을 회복하는 일,
이 모든 일들은 '삶을 배우는 기술'이다.
그리고 우리는 그 기술을 통해 살아가는 법을 익혀 간다.

배움은 책상 앞에만 있지 않다.
인생의 구석구석, 작고 사소한 순간마다 숨어 있다.

그리고 그 순간을 포착하는 사람만이,
자신의 삶을 스스로 고칠 줄 아는 사람이 된다.
그러니 지금 무엇이 고장 났다고 느껴지거든,
한 번만 더 열어 보고, 닦아 보고, 전원을 눌러 보자.
그 작은 기술 하나가
당신의 삶을 다시 걷게 할지도 모르니까.

살다 보면 정말 그런 순간들이 있다.
문제가 너무 커 보이고,
마음이 지치고,
'이건 나로선 도저히 안 될 거야.' 싶은 그 순간.
그럴 때,
아주 작고 단순한 무언가를 시도해 보자.
책상 정리부터,
하루 계획을 써 보는 일부터,
혹은 좋아하는 노래 한 곡을 틀고
가만히 들어 보는 것부터.
어떤 문제는 커다란 계획이 아니라
그저 전원을 다시 눌러 보는 것에서 풀리기도 한다.
어떤 감정은
말없이 흘린 눈물 한 방울로 정리되기도 하고,
어떤 관계는

따뜻한 눈맞춤 하나로 다시 이어지기도 한다.

단순한 시도는 약해 보이지만,
그 안에는 아주 강한 '용기'가 담겨 있다.
다시 해 보겠다는 마음,
비록 또 실패할지라도
한 번 더 열어 보겠다는 태도.
내가 겪었던 노트북의 고장처럼,
우리 삶도 어쩌면 거창한 수리가 필요한 게 아니라
잠시 멈추고 들여다보는 단순한 손길 하나가 필요했던 걸지도 모른다.
그러니, 너무 겁내지 말자.
너무 멀리 가지 말자.
지금 이 자리,
당장 할 수 있는 작은 한 걸음이
생각보다 더 많은 것을 바꿔 줄지도 모른다.
복잡한 문제일수록, 단순한 시도에서 답이 시작된다.
그 문장은 단지 말이 아니라
지금 내 삶의 작은 기적의 증거이기도 하다.

10장
배움은 삶을 끓이는 불이다

종종 이런 생각을 한다.
배움은 학교에서 시작되지만,
결코 교과서로 끝나지 않는다는 것을.
책상 앞에 앉아 있지 않아도,
손에 펜을 들고 있지 않아도,
사람은 끊임없이 무언가를 배우고 있다.
때로는 실패에서, 때로는 사랑에서, 때로는 고통에서.

나는 가르치는 일을 하고 있지만,
아이들 앞에 서면 늘 배우는 자로 선다.
아이들의 눈빛 속에서, 그날의 표정과 말투 속에서,

나는 내가 가르치려던 것보다 더 많은 것을 배운다.
그 배움은 공식처럼 정리되지 않고,
성적표에 찍히지도 않지만,
내 삶을 조금씩 따뜻하게 바꾸어간다.
마치 불꽃처럼, 천천히 끓이며.
삶의 많은 장면이 나를 훈련장으로 데려갔다.

대학 시절, 원하지 않았던 길을 걷게 되었을 때,
나는 세상의 기준으로 실패한 줄 알았다.
하지만 그 실패 속에서 나는
'무엇이 나를 살아 있게 하는가?'
를 처음으로 물었다.
그 질문이 지금의 나를 만들었다.
질문은 늘 배움의 첫걸음이었다.

아버지는 인생의 긴 여정을 스스로 개척하신 분이다.
전쟁으로 아버지를 잃고, 어린 시절을 고아로 살았지만,
성실함과 책임감으로 가족을 이끌어 오셨다.
그분의 삶 전체가 한 권의 교과서 같았다.
한 줄도 허투루 넘길 수 없었다.
거기엔 용기, 인내,
그리고 끝까지 살아내는 품격이 있었다.

아버지를 바라보며 나는 배웠다.
말이 아닌 삶으로 가르치는 것이 무엇인지.

배움이란, 어쩌면 이런 것 아닐까.
지금 내 앞에 놓인 이 사람, 이 상황, 이 날씨, 이 계절을
그저 흘려보내지 않고 마음에 담아 두는 것.
반복되는 일상 속에도 문득 고개 들어 하늘을 바라보고,
아침에 내린 커피 향 속에서 하루의 **의미를** 생각해 보는 것.

나는 가끔 아이들에게 묻는다.
"요즘 가장 많이 배우고 느낀 건 뭐니?"
그러면 누군가는 말한다.
"친구와 싸웠는데, 먼저 사과했어요. 그게 어려웠어요."
또 어떤 아이는 말한다.
"엄마가 힘들어 보여서 설거지했는데, 엄마가 울었어요."
이런 대답 앞에서 나는 고개를 숙인다.
공부는 성적표로만 남지 않는다.
진짜 배움은 사람 사이에 남는다.

이제는 안다.
배움은 정보가 아니라 온도라는 것을.
머리를 채우는 것이 아니라,

마음을 데우는 일이라는 것을.
그래서 나는 오늘도 배운다.
한 아이의 미소에서, 부모님의 침묵 속에서,
내 가슴 한구석에서 들려오는 조용한 울림에서.
삶은 언제나 가르친다.
우리는 그저, 마음을 열고 들을 준비만 하면 된다.
그리고 그 모든 배움이
우리를 조금 더 사람답게, 따뜻하게 만들어 준다.

11장
1,100광년의 거리, 나를 배우게 하다

천문학에 대한 내 솔직한 거리감에서 시작된 깨달음

나는 천문학을 그다지 좋아하지 않는다.

아니, 정확히 말하면,

좋아할 만큼 가까운 학문이 아니라고 느낀다.

물론 우주를 생각하면 경이롭고,

별을 올려다보면 문득 시심(詩心)도 피어난다.

하지만 어느 순간엔가, 그런 경이로움이 오히려 허무함으로 다가왔다.

'우리 은하의 지름이 10만 광년이다.'

'북극성은 지구에서 1,100광년 떨어져 있다.'

이런 이야기를 들을 때면, 나는 마음이 멀어지는 기분이 들었다.

1,100광년이라니….

그건 우리가 지금 바라보고 있는 북극성의 빛이,

신라시대쯤 그 별에서 출발했다는 뜻이다.

과학적 사실이라는 걸 알면서도, 자꾸만 의심하게 된다.

"정말… 그걸 어떻게 아는 거지?"

"가 보긴 했나?"

마치 천문학은, 거대한 상상 위에 지어진 이야기 같았다.

그러다 어느 날 문득, 내 안에서 조용한 깨달음 하나가 일어났다.

나는 왜 그것이 허무하다고 느꼈을까.

왜 그런 숫자와 단위가 내게는 무의미하게만 다가왔을까.

그건 아마,

내가 배움을 '이해 가능한 것, 손에 잡히는 것'만으로 제한해왔기 때문일지도 모른다.

배움이란 눈에 보이고, 실증될 수 있어야 하며,

결과적으로 '쓸모' 있어야 한다고.

그렇지 않은 건 '쓸데없는 지식'이라고 쉽게 치부해 온 건 아닐까.

하지만 그 광대한 거리의 숫자들이 전하려는 것은

어쩌면 그런 정보가 아니었다.

1,100광년의 거리.

그건 단순히 '멀다.'는 사실이 아니라,

우리 존재가 얼마나 작고 겸손해야 하는지를 알려 주는

일종의 깨달음일지도 모른다.

천문학은 우리에게

'당장 가 보지 못해도, 볼 수 있고, 계산할 수 있고, 상상할 수 있다.'
는 걸 증명해 왔다.

그것은 실증되지 않아도,

우리 마음을 더 크게 열게 만드는 지식이었다.

나는 그제서야 알게 되었다.

배움이란 실용성을 넘어, 세상을 바라보는 새로운 관점을 받아들이는 것임을.

그리고 그 관점은 내 세계를 더 유연하게, 더 깊이 있게 만들어준다는 것을.

지금도 나는 북극성을 바라볼 때면 약간은 회의적인 시선을 거두지 못한다.

하지만 동시에 마음 한편에서는,

그 오랜 시간 날아온 빛을 조용히 맞이하며

이 작은 삶이 얼마나 큰 이야기 속에 놓여 있는지를

겸손히 배워가고 있다.

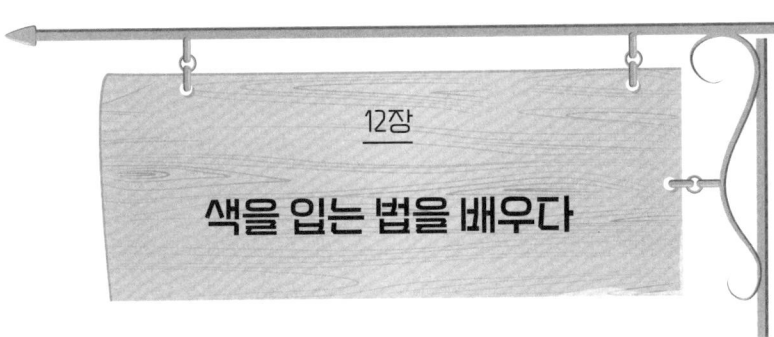

12장
색을 입는 법을 배우다

함께 입고, 함께 닮아 가는 배움

스무 살의 나는, 검은색을 입었다.

정확히 말하자면, 검은색만 입었다.

매년 겨울이면 검은 코트에 검은 바지, 검은 폴라티, 검은 장갑까지…….

어느새 내 전신은 그림자처럼 어둠을 두르고 있었다.

지금의 아내는 그 시절의 나를 떠올리며 '저승사자 패션'이라며 웃곤 한다.

돌이켜보면 정말 그랬다.

검고, 단정하고, 무표정한 옷차림은 그 시절 내 마음 상태와도 비슷했던 것 같다.

어딘가로부터 자신을 보호하고 싶은 마음,

드러내고 싶지 않은 감정,
나조차도 나를 선명하게 보여 줄 용기가 없어서
강하게만 보이고 싶던 시절이었다.
물론 나는 원래부터 어둠을 좋아했던 건 아니었다.
내가 좋아하는 색은 연보라색이었다.
연한 핑크색도 마음에 들었다.
봄날 벚꽃처럼, 어느 새벽의 노을처럼
부드럽고 따뜻한 느낌이 좋았다.
하지만 그 색을 옷으로 입기엔 왠지 모를 부담감이 있었다.
'남자니까.', '좀 튀는 것 같아.', '나에게 어울릴까?' 하는 생각들이 늘 머릿속을 맴돌았다.
좋아하지만 감히 입지 못한 색들.
나는 그저 멀리서 바라보기만 했다.
그러면서도 그 색들이 나를 어딘가로 이끌고 있다는 사실은 알고 있었다.
그랬던 내가 지금은, 형형색색의 옷들을 입는다.
여름이면 요란하고 화려한 하와이안 셔츠를 즐겨 입고,
봄이면 연핑크에 꽃무늬 셔츠를 걸친다.
겨울이면 노란색, 겨자색, 흰색, 카키색, 심지어 레드 브라운 톤의 폴라티까지 꺼내 입는다. 가을에는 갈색 자켓과 베이지색 양복으로 단풍과 조화를 이루려 한다.
계절마다 어울리는 색이 다르다는 것을 이제는 안다.

그리고 주일 아침이 되면, 아내에게 먼저 묻는다.

"오늘은 무슨 색 입을 거야?"

서로 비슷한 색, 같은 톤의 옷을 입고 교회에 가는 우리 부부를 보고 사람들은 신기하다며 웃는다. 가끔은 커플룩을 입는 우리를 보고 '참 귀엽다.'며 부러움 섞인 말을 하기도 한다. 이젠 그런 시선도 익숙하다.
오랜 시간, 함께 살아낸 흔적이 우리 둘의 색을 맞춰 준 것이다.
이런 변화의 시작은 아내였다.
색에 민감하고, 감각이 섬세한 그녀는 늘 계절과 분위기에 어울리는 색을 입고 다녔다.
그녀의 옷장엔 계절의 스펙트럼이 담겨 있었다.
나는 처음엔 그런 그녀가 마냥 멋있다고만 생각했다.
그런데 어느 날, 그녀가 말했다.

"당신은 노란색이 참 잘 어울려요. 한번 입어 봐요."

그 말에 반쯤 강요처럼 입게 된 셔츠 하나.
처음엔 어색했고, 거울 속 내 모습이 낯설었지만,
이상하게 그 색이 나를 다르게 보이게 했다.
밝아 보였다. 가벼워 보였다.
내가 나를 더 좋아할 수 있을 것 같다는 희망이 조금씩 생겨났다.

배움이란 대개 이렇게 시작된다.
누군가의 말 한마디, 따뜻한 시선,
조심스러운 권유 속에서.

배움은 교과서 속에만 있지 않다.
누군가를 깊이 사랑하고,
그의 삶의 방식이 마음에 들어 그걸 닮아가고 싶어질 때,
우리는 배운다.
색을 통해 배우고, 말투를 통해 배우고,
사소한 습관과 생각의 결을 따라가며 조금씩 변한다.
그 변화는 억지로 끌려온 것이 아니라 스스로 기꺼이 흡수한 것이기에,
몸에 맞는 옷처럼 자연스럽고 편안하다.
나는 아내에게서 옷의 색을 배웠고,
색을 고르는 감각을 배웠으며,
계절을 입는 태도를 배웠다.
무엇보다, 자기 자신을 표현하는 용기를 배웠다.
예전의 나는 검은색으로 자신을 감췄다면, 지금의 나는 나를 색으로 표현한다.
노란색은 나의 활기찬 아침이고, 연핑크는 나의 부드러운 오후이며,
하와이안 셔츠는 내 삶의 유쾌한 여름이다. 나는 더 이상 두려워하지 않는다.

내가 좋아하는 색으로 나를 말할 수 있게 되었으니까.

어쩌면 색은 인생의 작은 은유일지도 모른다.
우리는 늘 정해진 틀과 색 안에서 살아가려고 한다.
사회가 정해준 '어울리는 색', 나이에 맞는 색, 성별에 맞는 색, 역할에 맞는 색.
하지만 진짜 나다운 색은,
내가 좋아하는 그 색에서 시작된다.
그리고 그 색은, 누군가의 사랑 안에서 더욱 선명해진다.

배움은 거창한 것이 아니다.
옆 사람의 눈빛에서, 따뜻한 한마디에서, 함께 걷는 시간 속에서 스며드는 것이다.
나는 오늘도 아내에게 묻는다.

"오늘은 어떤 색을 입을까?"

그 질문 안에 담긴 건, 단순한 색의 선택이 아니라,
오늘 하루도 당신에게서 배우고 싶다는 조용한 고백이다.
함께 입고, 함께 닮아 가는 삶. 나는 오늘도 그 속에서 조용히 배워 간다.
배우는 건 늘 거창하지 않다.

사랑하는 사람을 통해, 그 사람의 삶을 지켜보며 우리는 조금씩 닮아간다.

그렇게 나를 바꾸는 조용한 변화들 속에, 진짜 배움이 있다.

13장
거절을 통해 배우는 삶의 태도

"아니요"라고 말하는 법을 배운다는 것

나는 오랫동안 착한 사람이 되고 싶었다.

부탁을 거절하지 않고, 누군가가 무언가를 요청하면 가능한 한 웃으며 수락하는 사람이.

그래서일까. 어릴 적부터 "아니요."라고 말하는 일이 늘 어렵고 어색했다.

부모님이 해 주신 반찬을 다 먹지 못했을 때도 죄송했고,

친구가 나의 물건을 빌려가면서 반납 기한을 지키지 않아도 아무 말 못 하고 참았다.

어느 순간부터 나는, "예."라고 말하는 데 익숙해져 있었고,

"아니요."는 뭔가 관계를 깨는 말처럼 느껴졌다.

그러나 나이가 들고, 삶이 점점 복잡해지면서 나는 깨달았다.

모든 것을 수락하는 것이 선한 것도 아니고, 건강한 것도 아니라는 것을.

특히 내가 아이들을 가르치고, 학부모님들과 상담을 하며 교육자로 살아가면서 가장 많이 배운 건, '거절하는 법'이었다.

가장 인상 깊었던 상담 중 하나는 이런 상황이었다.

어느 학부모님께서 자녀의 수업 시간을 늘려 달라고 요청하셨다.

시험이 다가오니 하루에 두 시간 수업을 세 시간, 네 시간으로 늘려 달라는 것이다.

처음에는 흔들렸다.

아이의 성적에 대한 걱정이 느껴졌고, 나 역시 최선을 다해 돕고 싶은 마음이 컸다.

하지만 아이는 이미 하루 수업 후에 피곤한 기색이 역력했고, 집중력도 60분을 넘기기 어려웠다.

만약 부모님의 요청대로 수업 시간을 늘린다면,

그건 아이를 돕는 것이 아니라 오히려 무너뜨리는 일이 될 수도 있다는 판단이 들었다.

나는 조심스럽게 말씀드렸다.

"지금은 이 분량이 아이에게 가장 적절합니다.
더 늘리는 건 오히려 학습 효율을 떨어뜨릴 수 있어요."

그 순간 부모님의 얼굴엔 아쉬움이 비쳤지만, 며칠 뒤 다시 연락이 왔다.

"선생님, 수업 끝나고 집에 오면 아이가 '오늘 좀 재미있었어.'라고 하더라고요.
잘 따라가는 것 같아서 안심이 돼요."

나는 그 말이 그렇게 고마울 수 없었다.
아이를 위한 작은 거절이, 결국은 믿음을 심은 결정이었음을 느꼈기 때문이다.

나는 그날 이후로 '거절'에 대해 다시 생각하게 되었다.
거절은 누군가를 거부하는 것이 아니라,
진심을 담아 선택하는 것이며,
오히려 관계를 망가뜨리기보다는
지키는 방법이 될 수 있다는 것.
그렇게 나는 '아니요.'라고 말하는 용기를,
누군가를 위한 마음으로 배워가기 시작했다.

책에서 읽은 한 문장이 있다.
"한 사람이 '아니오.'라고 말하는 것이 여러 사람이 '네.'라고 말하는 것보다 더 가치가 있다."

그 문장은 내 삶을 통찰하게 했다.

사람들은 "예."라고 말하는 데는 익숙하지만, 진심에서 우러난 "아니오."는 생각보다 어렵다. 거절은 용기가 필요하다. 하지만 그 용기는 관계를 더 진실하게 만든다.

물론 거절이 항상 옳은 것은 아니다.

거절은 존중과 배려 속에서 이루어져야 한다.

나만 옳다고 여기는 판단으로

상대를 밀어내는 것이 아니라,

나도 너도 소중하기에

필요한 경계를 세우는 행위여야 한다.

그리고 그 균형 잡힌 태도야말로,

우리가 '배워야 할 거절의 지혜'다.

삶은 결국, 선택의 연속이다.

그리고 모든 선택에는 반드시 '거절'이 따라온다.

어떤 사람은 자신을 위해 누군가의 요청을 거절하고,

또 어떤 사람은 타인을 위해 자신의 욕심을 거절한다.

거절은 상처를 주기 위한 도구가 아니라,

서로의 경계와 존엄을 지키는 방패다.

나는 오늘도 배운다.

학생들의 눈빛에서,

아내의 손끝에서,

부모님의 사랑 속에서.

그리고 무엇보다, 내 안의 조용한 소리에서.

"이건 아니야."

그 말 뒤에 따라오는 묵직한 책임감과, 따뜻한 배려, 그리고 진심의 무게를.

그래서 나는 오늘도,

누군가의 삶에 한 잔의 커피 같은 배움을 권하고 싶다.

쓴맛이 남더라도, 그 속엔 분명 따뜻함이 있으니까.

그리고 그 한 잔은, 더 나은 나를 만드는 시작이니까.

14장
말하지 않음의 배려

침묵이 가장 따뜻한 스승일 때

"자신의 의도를 드러내지 마라. 추측케 하고, 불안하게 하라."

이 문장은 겉보기에는 마치 고도의 처세술처럼 들린다.
하지만 나는 이 말을 읽으며, 처세가 아닌 '배움에 대한 깊은 존중'이라는 철학을 마주한다.
스스로 깨달을 수 있도록 기다려 주는 사람.
모르는 것을 모른 채로 있게 두는 용기를 가진 사람.
말하지 않음으로써 오히려 더 많은 것을 가르치는 사람.
나는 그런 이들을 '스승'이라 부르고 싶다.

14-1. 아이의 성장 앞에서 말을 아끼는 부모처럼

몇 해 전, 초등 고학년을 둔 학부모와 상담을 하던 날이었다. 어머니는 아들의 느슨한 생활 습관을 걱정하며 이렇게 말했다.

"선생님, 도대체 이 아이는 언제 철이 들까요? 매일 공부하라는 말을 몇 번이나 하는지 모르겠어요."

나는 웃으며 되물었다.

"그 말을 하루에 몇 번 정도 하세요?"

잠시 멈칫하던 그녀는 멋쩍게 웃었다.

"글쎄요…. 열 번은 넘을지도 몰라요."

그때 나는 조심스럽게 말했다.

"어쩌면, 지금 이 아이에게 필요한 건 공부하라는 다그침이 아니라 '기다림'일지도 몰라요."

종종 부모들의 아이를 향한 사랑이 너무 커서

그 아이의 부족함과 느림을 참지 못하고

조바심은 잔소리로, 잔소리는 습관이 되기도 한다.

하지만 우리는 너무 쉽게 잊는다.

누군가 자라는 데는 시간이 필요하다는 걸.

아이의 부족함 위에 말이 겹치면,

그 부족함은 배우게 하는 기회가 아닌 죄책감이 된다.

때로는 조용히 물러나 그 아이의 혼란을 바라봐 줄 수 있는 용기와 여유 그리고 사랑이 필요하며, 말없이 곁에 있어주는 부모가, 아이에게는 가장 단단한 뿌리가 된다.

14-2. 가르침은 때로 멈춤으로 이뤄진다

내가 가르치는 수학 수업 중, 한 아이가 복잡한 함수 문제를 자신만의 방식으로 풀어냈다. 직관적으로는 더 빠르고 정확한 공식을 알려주고 싶었다.

하지만 그 아이는 펜을 쥐고, 잠시 멈췄다가 다시 쓰고, 지우고, 또다시 풀었다.

답은 틀렸지만, 표정엔 진지함이 서려 있었다.

그 순간, 나는 입을 다물었다.

아이의 길을, 아이가 먼저 걸어 보게 두기로 했다.

며칠 뒤, 그 아이는 수많은 시행착오를 겪고 돌고 돌아 스스로 틀린 이유를 찾아내어 나에게 말했다.

"선생님, 제가 그때 왜 틀렸는지 이제 알겠어요. 이걸 바꿨으면 됐을 것 같아요."

나는 조용히 고개를 끄덕였다.

그 아이는 '가르침'을 통해 배운 것이 아니라,

'시도'와 '실수', 그리고 수많은 시행착오 속의 '되돌아봄'을 통해 배운 것이다.

그리고 나는 그 과정을 가르침의 '멈춤'으로 가능케 한 사람이 되었다.

14-3. 종종 상담에서 침묵은 가장 깊은 위로가 된다

신앙 공동체에서 누군가가 힘겨워하는 모습을 보면, 본능처럼 조언이 먼저 튀어나오려 한다.

"기도하세요."

"믿음으로 이겨 내세요."

"하나님은 뜻이 있으실 거예요."

그러나 그 말들이 누군가에게는 너무 이르거나 너무 무거운 짐이 될 수 있다는 걸 배웠다.

정말 누군가의 삶을 위한 기도는, 말없이 등을 토닥이는 그 순간에 이미 시작되고 있었는지도 모른다.

20대 때 학생회 교사를 할 때였다.

한 아이가 깊은 상실감을 겪고 있었다.

사람들은 조언하고, 위로하려 애썼다.

하지만 그 아이는 점점 더 조용해졌고,

그 누구의 말도 위로가 되지 않았다.

나는 매주 그 아이 옆에 가만히 앉아 있었다.

말없이, 함께 예배의 자리에 있었고,

함께 찬송가를 불렀다.

그리고 가끔 예배 후

그 아이가 이야기를 꺼내면 들어 주기만 했다.

사실 그 문제에 있어서 내가 해 줄 만한 얘기도 없었다.

몇 달 후, 그 아이가 내게 말했다.
"선생님, 정말 고마웠어요. 그냥 옆에 계셔 주신 것이 저를 살렸어요."
때로 말은 위로가 아닌 상처를 주고, 침묵은 말보다 따뜻하다.
하나님은 때로 침묵으로 응답하시는 분이다.
우리도 때로는 말없이 조용히 옆에 머물러 주자.

14-4. 질문의 싹이 트도록 기다리는 교사

내가 가르치던 한 고등학생은 질문을 거의 하지 않았다.
무표정한 얼굴로 수업을 듣고, 조용히 돌아가는 아이였다.
어느 날 수업 후, 나는 작은 메모 하나를 그의 책상에 놓았다.
"이해되지 않는 게 있다면 그냥 넘기지 말고, 꼭 다시 물어봐라. 언제든 알려 줄게."
몇 주 후, 그 아이가 조심스레 내게 말을 걸었다.
"선생님, 요즘 자꾸 이런 생각이 들어요. 도대체 내가 왜 공부하고 있는 걸까. 그런 질문이요."
그 아이는 질문을 쏟아내지 않았다. 다만, 조심스럽게 하나를 꺼냈다.
그리고 나는 그 질문을 소중히 받아 안았다.
우리가 기다려야 하는 것은 정답이 아니라,
생각이 자라날 시간이다.
생각이 자랄 수 있도록 침묵의 공간을 내어 주는 일,
그것이 교육자의 역할이고 배려다.

말하지 않음은 무관심이 아니다.
그것은 배움의 가능성을 '믿는다.'는 고백이다.
말하지 않음으로 아이는 자란다.
말하지 않음으로 삶이 단단해진다.
말하지 않음으로 질문은 싹튼다.
말하지 않음으로, 누군가는 배우는 '사람'이 된다.

누군가의 배움에 섣불리 개입하지 않고,
모른다는 어둠 속에서 함께 머물 줄 아는 용기.
그 자리를 끝까지 지켜 주는 인내가
어쩌면 누군가에겐 가장 빛나는 '배움의 자산'이 될지 모른다.

15장
배움은 결국 사람을 통해 온다

나는 교재보다 사람에게 더 많이 배운 사람이다.
칠판 앞에 선 선생이었지만,
내 진짜 선생님은 종종 내 앞에 앉아 있는 아이들이었다.

수학을 정말 싫어하던 중2 여자아이가 있었다.
입을 꾹 다물고, 시선을 피하고,
질문을 던져도 "몰라요." 한마디로 돌아오는 아이.
사실 나도 그 아이와 눈 마주치기 어려웠다.
내가 무언가를 가르치고 있다는 느낌보다는
거부당하고 있다는 느낌이 더 컸으니까.

어느 날, 우연히 쉬는 시간에 그 아이가 읽던 책이 눈에 들어왔다.
사실 잘 알지 못하는 하이틴 로맨스 계열 같은 책이었다.
문득 "너 이 책 좋아해?" 하고 물었다.
그 아이는 놀란 눈으로 나를 쳐다보다가 조심스레 말했다.
"네… 뭐… 저도 주인공처럼 혼잣말 자주 해요."
그 순간,
그동안 말없이 한없이 부정적인 태도로 앉아만 있던 그 아이가 뱉은 단 한 줄의 문장이 우리 사이의 벽을 허물었다.
적어도 나는 그렇게 생각했다.
"나도 혼잣말 자주 하는 편인데…."
라고 대답해 주었다.
그 후로 그 아이는 내가 준 시험지의 문제를 다 풀지는 않았지만, 답안지 한편에 꼭 한두 줄의 '혼잣말'을 적어 놓곤 했다.
"이건 아직 이해 안 돼요, …. 하지만 또 모르죠…. 내일은 될지도……."
"이 문제는 나랑 안 친해요. 그래도 건드려는 볼게요."
나는 가르친 적 없는 언어로
그 아이는 나에게 '배움의 태도'를 가르쳤다.

서툴러도, 멀어도,
배움은 결국 사람 사이를 지나가며 온다는 것.
그 아이는 나의 교과서였다.

또 한 명의 학생.
고1 남자아이였는데, 수학 실력은 중상,
그러나 자존감은 바닥.
늘 웃으며 "저는 멍청하니까요."라고 말했다.
처음엔 농담인 줄 알았는데,
어느 날 혼잣말처럼 던진 말을 듣고 가슴이 철렁했다.

"열심히 해 봤자 별 수 있겠어요. 선생님처럼 머리가 좋은 것도 아닌데."
그때 나는 멈췄다.
"선생님처럼"이라는 말 뒤에,
그 아이가 나를 어떻게 보고 있었는지가 담겨 있었다.
나는 말없이 그 아이의 포기와 비교의 거울이 되어 있었던 것이다.
그 후로, 나는 자주
내 수학 점수가 바닥이던 고1 시절 이야기,
대학 시절 휴학하며 자퇴 고민까지 했던 고백들을 아이들에게 털어놓기 시작했다.
그 아이는 조금씩 바뀌기 시작했다.
100점이 아니라, 60점에서 70점으로 가는 걸 자랑하기 시작했고 결국 기말고사 후에는 이렇게 말했다.

"이번엔 제가 저 자신을 좀 칭찬해 줘도 되죠?"

그 말은 내게 어떤 공식보다도 확실하고, 더 완벽한 정답이었다.

책은 지식을 주지만,
사람은 삶의 방향과 지혜를 알려 준다.
모든 배움의 끝에는 결국 사람이 있었다.
나의 앎은 누군가의 표정 속에서 자랐다.
그리고 나의 부족함은 누군가의 기다림 속에서 채워졌다.
인생에서 무척 많은 위대한 배움들이,
'곁에 있어 준 사람'에게서 온다.
그리고 우리는, 우연히 또는 의도적으로,
누군가에게 그런 사람이 될 수 있다.
당신의 행동과 대화,
당신이 지키는 하루의 태도,
당신이 기다리는 시간,
당신이 해답을 주지 않고 남겨 둔 질문 하나가
누군가에겐
평생의 배움으로 남을 수 있다.

16장
다듬어진다는 것

자연은 가능성이고, 배움은 예술이다

햇빛을 많이 받아 키 큰 나무가 되기도 하지만,
그늘진 곳에서도 꿋꿋이 자라는 풀도 있다.
때론 돌 틈 사이에, 물 한 방울 없이 피어난 꽃이 더 오래도록 기억에 남는다.
우리는 모두 저마다 다른 가능성의 씨앗을 품고 태어난다.
하지만 그 가능성은 저절로 열매 맺지 않는다.
'다듬어짐'이라는 과정을 통과해야만 한다.

고등학생 시절, 나는 그림을 잘 그리는 친구가 부러웠다.
그는 별다른 준비도 없이 흰 종이 위에 너무도 쉽게 그림을 그려냈다.
반면 나는 몇 번이고 지우고, 다시 그렸다.

"넌 재능이 없나 봐."

내 안의 목소리는 그렇게 속삭였고,

나는 어느 순간 펜을 내려놓았다.

하지만 시간이 지나고,

그 친구의 집을 방문했을 때,

나는 그 친구가 수없이 연습한 습작 노트를 숨겨왔다는 사실을 알게 되었다.

그 노트 속엔 삐뚤빼뚤한 선, 형편없는 원근법, 색이 번진 밑그림이 가득했다.

그제야 깨달았다.

그가 가진 능력은 '완성된 재능'이 아니라,

다듬어낸 노력이었다는 것을.

우리는 종종 타인의 결과만 보고 부러워한다.

하지만 배움은 언제나 과정 속에서 일어난다.

돌덩이 같던 원석이

조각가의 손끝에서 조금씩 형태를 갖추듯,

사람도 반복되는 경험과 실패 속에서

조금씩 '모양'을 갖춘다.

아이들을 가르치며 나는 종종 이런 순간을 본다.

처음엔 감정조절이 어려워 눈물부터 쏟아내던 아이가,

몇 달 후 친구 앞에서 조심스레 사과하는 모습을 보여 준다.
수학 문제 하나를 두고
"난 이과 체질이 아니야!"
하던 아이가, 어느 날 갑자기
"선생님, 제가 그 문제 다시 풀어 봤어요."
라며 웃으며 말할 때.
그 모든 변화는 마치 다듬어지는 조각처럼
조용히, 그리고 아름답게 다가온다.

자연은 가능성이다.
하지만 배움은 그 가능성을 꺼내는 예술적인 작업이다.
그리고 그 예술은 시간과 인내, 반복과 실패, 끊임없는 다듬어짐 위에 이루어진다.

"누구도 처음부터 완성된 존재는 없다.
가능성은 자연이 주지만,
그것을 예술로 만드는 일은 오롯이 삶과 배움의 몫이다."

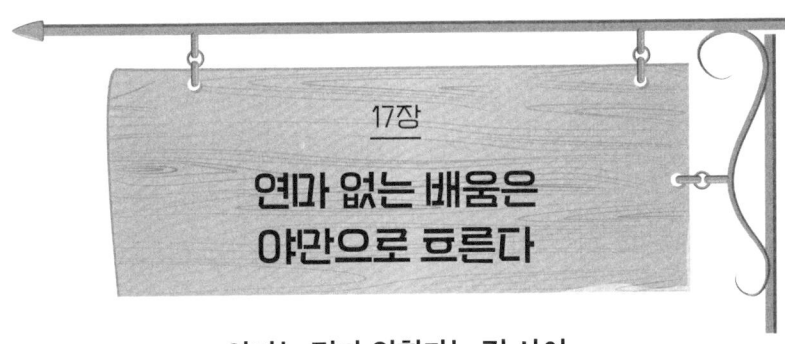

17장
연마 없는 배움은 야만으로 흐른다

안다는 것과 익힌다는 것 사이

세상에는 아는 사람이 많다.
그러나 그 아는 것을 삶 속에서 연마한 사람은 적다.
지식은 누구나 얻을 수 있지만,
그 지식을 품위 있게 다루는 일은 오직 '연마된 사람'만이 할 수 있다.

며칠 전, 한 학부모가 말했다.
"우리 아이는 아는 건 정말 많은데,
그걸 삶에서 제대로 써먹질 못해요.
공감도 없고, 예의도 부족하고….
똑똑한데 이상하게 거칠어요."
나는 조용히 고개를 끄덕였다.

요즘의 아이들, 아니 어쩌면 우리 모두는
'빠르게 배우는 능력'엔 익숙해졌지만,
그 배움을 삶으로 갈고 닦는 시간에는 익숙하지 않다.

기억나는 학생이 있다.
늘 손을 들고, 누구보다 정확하게 대답하던 아이였다.
하지만 어느 날, 친구가 실수했을 때
그 아이는 조소 섞인 목소리로 이렇게 말했다.
"그것도 몰라? 진짜 멍청하네."
그 순간, 교실은 얼어붙었다.
지식은 있었지만,
그 지식을 **사람과의 관계 안에서 어떻게 쓸 것인가**에 대한 배움은 부족했던 것이다.
나는 그날 그 아이와 조용히 대화를 나눴다.
그리고 이렇게 말했다.
"네가 아는 걸 말해 주는 건 좋아.
그런데 그 아는 게 누군가를 아프게 만들면…
그건 배움과 가르침이 아니라 무기야."
그 아이는 말이 없었다.
하지만 며칠 뒤, 실수한 친구에게
"나도 예전에 그거 틀렸었어." 하고 먼저 말을 거는 모습을 봤다.
나는 그 순간,

'연마'가 시작되었음을 느꼈다.

우리는 종종 배움을 지식의 습득으로만 오해한다.
하지만 진짜 배움은,
그 지식이 사람을 살리는 쪽으로,
관계를 맺는 쪽으로,
자기를 다듬는 쪽으로 향할 때 비로소 완성된다.
무딘 칼은 쉽게 사람을 다치게 한다.
배움도 그렇다.
연마되지 않은 지식은 사람을 세우지 못하고,
때로는 무너뜨린다.
연마란 결국 반복이다.
자기 점검이다.
사람 앞에서 겸손해지는 훈련이다.
아는 것을 '어떻게' 사용할 것인가에 대한 끝없는 고민이다.

"배움은 기술이 아니라 태도다.
아는 것이 많아질수록, 그것을 다듬을 책임 또한 깊어진다.
연마 없는 배움은 지적 오만을 낳고,
그 오만은 결국 누군가의 마음을 해친다."

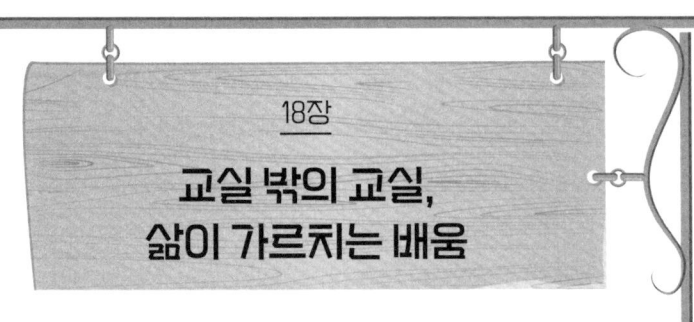

18장
교실 밖의 교실, 삶이 가르치는 배움

나는 가끔 이런 장면을 떠올린다.

비 오는 날, 할머니가 된장국에 파를 썰며 말없이 국자를 돌리던 부엌 한편.

작은 조약돌을 주워 창틀에 올려두고,

매일같이 색이 바뀌는 이유를 궁금해하던 아이.

지하철에서 지친 표정으로 서 있는 누군가에게

자리를 양보한 다음,

그 미소에 괜히 울컥해지는 어느 오후.

그 어디에도 '교사'도 '교과서'도 없었다.

하지만 나의 감정과 판단, 세계를 대하는 태도는

분명히 거기에서 조금씩 자라고 있었다.

18-1. 배움은 공간을 가리지 않는다
— 어디에서든, 어떻게든, 우리는 배운다

우리는 종종 배움을 '책상 앞'에서만 이루어지는 일로 오해한다.
깨끗이 정리된 교실, 노트와 필기구가 놓인 책상,
그리고 칠판 앞에 선 선생님의 모습.
그런 장면이 있어야만 배움이 시작된다고 믿는 것이다.
하지만 삶은 그런 우리의 생각을 자주 비웃는다.
배움은 정해진 공간에서만 일어나는 일이 아니다.
때론 벤치 위에서도, 식당 주방에서도,
심지어 엘리베이터 안에서도 일어난다.

예전에 학원에 조금 일찍 도착한 나는,
건물 입구 근처에서 잠시 커피를 마시고 있었다.
그때 초등학교 5학년쯤 되어 보이는 남자아이가 친구와 함께 지나가다가
돌연 멈춰 섰다.
"여기, 벌레야…. 죽었어."
그 아이는 눈앞에 엎드려 있는 작은 벌레를 한참 바라보더니,
이내 손으로 조심스럽게 잎사귀 하나를 집어 들었다.
그리고는 그 위에 벌레를 살며시 올려
나무 아래 그늘진 곳에 조용히 내려놓았다.

"왜 거기로 옮겼어?"
친구가 묻자, 그 아이가 말했다.
"햇빛이 너무 세잖아. 벌레도 뜨겁겠지…."
나는 숨을 죽였다.
그 순간,
나는 교실보다 더 깊은 배움의 장면을 보았다.
공감, 배려, 생명에 대한 존중.
그 아이는 '배려는 말로 가르치는 것이 아니라 몸으로 옮겨야 한다.'
는 삶의 교훈을 이미 익히고 있었다.

어느 늦은 밤 서울로 나갔다가 볼일을 마치고 집으로 가는 길.
지하철 플랫폼 벤치에 앉아 있던 한 60대 정도의 남자가
작은 종이쪽지 하나를 들고 무언가를 중얼거리고 있었다.
그는 혀를 굴리며 영어 발음을 연습하고 있었다.
"헤얼… 헤얼… 허어얼… 여기(here)…."
익숙지 않은 소리가 조심스레 흘러나왔다.
주변 사람들의 시선에도 그는 신경 쓰지 않았다.
쪽지에 적힌 문장 하나를 수십 번 넘게 읽어 보며
자신의 입을, 혀를, 목소리를 길들이고 있었다.
나는 그 모습을 오래 잊지 못했다.
사실 난 그럴 용기도 없었기에….
그 공간은 누군가에겐 퇴근길 대합실이었고,

누군가에겐 따분한 기다림의 자리였으며,
그 남자에게는 '배움의 교실'이었다.

우리는 흔히 말한다.
"시간이 없어서 공부를 못 했어요."
"집이 시끄러워서 집중이 안 돼요."
"이런 데선 공부가 안 돼요."
그 말이 모두 틀린 건 아니지만,
사실 배움은 공간보다는 태도의 문제다.
무언가를 알고자 하는 사람에겐
서 있는 그 자리, 멈춰 있는 그 순간이 곧 배움의 장소가 된다.

한 번은 수업 전 기분 전환으로 올라간 학원 건물 옥상에서, 고등학생 아이와 대화를 나눴다.
"선생님, 저 여기가 너무 좋아요.
 공부 생각도, 성적 생각도 다 사라져요.
 근데요, 희한하게… 그런 순간에 오히려 내가 뭘 해야 할지 떠오르더라고요."
그 말이 내게 오래 남았다.
생각을 쉬려던 그 공간이,
아이에게는 '자기 마음을 배우는 장소'가 된 것이다.

"책상이 없다고 배움이 없는 게 아니다.
교실이 아니어도 인생은 묻는다.
마음이 깨어 있는 순간, 그 어디든 배움은 시작된다."

18-2. 교실의 확장은 '삶의 개입'에서 시작된다
― 칠판을 벗어난 순간, 진짜 배움이 시작되었다

어느 날, 중학생 아이 하나가 조용히 내게 물었다.
"선생님, 저 요즘 왜 이렇게 자꾸 짜증이 나는지 모르겠어요."
문제집을 덮은 채였다.
수학 공식이나 도형의 넓이보다,
그 아이는 자신의 마음을 더 알고 싶어 했다.
나는 펜을 내려놓고 말했다.
"혹시 집에서 무슨 일이 있었니?"
그 아이는 잠시 머뭇거리다가 말했다.
"엄마가 요즘 저랑 말을 안 해요.
제가 잘못했나 싶기도 하고요.
근데 사실은… 저도 왜 그런지 모르겠어요."
그 순간, 수업은 멈췄다.
'교과서 안의 수업'은 잠시 멈췄지만,
'삶의 교실'은 조용히 열리고 있었다.
우리는 흔히 교실을 '배움의 공간'이라 말한다.

하지만 내가 생각하는 교실은,

벽이 있고 칠판이 있고 책상이 정돈된 그런 물리적 공간만이 아니다.

진짜 교실은,

삶이 조용히 개입하는 곳에서 비로소 확장된다.

고등학생 여자아이 한 명이
한동안 수업에 집중하지 못했다.
시험도, 숙제도, 멍하니 넘기기만 했다.
그러다 어느 날, 수업 후 내게 남았다.
"선생님, 솔직히 수학 아무 의미 없는 것 같아요.
집이 지금 엉망이거든요. 엄마가 갑자기 나가 버렸어요."
말이 끝나자마자 눈물이 뚝 떨어졌다.
그날, 나는 학원 문을 닫고 수학 문제 대신
그 아이와 함께 조용히 학원 주변 공원 길을 걸었다.
말없이 걷다가, 문득 아이가 물었다.
"근데 선생님은 왜 이런 얘기를 들어 줘요?"
나는 웃으며 말했다.
"너도 그리고 나도 수학만 배우고 가르치는 사람이 아니라, 삶을 사는 사람이니까."
 그 말이 끝났을 때, 그 아이의 표정과 눈빛이 부드럽게 바뀜을 알 수 있었다.
 나는 깨달았다.

삶을 인정해 주는 그 순간, 교실은 확장된다.

아이들이 삶에 치여 넘어질 때,
선생은 문제를 설명하기 전에 그 삶에 한 걸음 들어가야 한다.
그게 '삶의 개입'으로서의 교실 확장이다.
그 개입은 때로는 눈 맞춤이고,
때로는 한숨에 대한 응답이고,
때로는 '그래도 괜찮아.'라는 한 마디다.

우리는 아이들에게 너무 자주 이렇게 말한다.
"공부에 집중해. 지금은 감정 따질 때가 아니야."
하지만 감정이 뒤엉킨 마음 위에
지식은 결코 오래 머물 수 없다.
삶을 외면한 교실은,
마른 땅에 씨앗을 뿌리는 일과 같다.
습기가 필요하다.
그 습기는 '사람'에서 나온다.
아이의 아픔에 다가가는 어른의 마음에서.

"교실은 더 넓어질 수 있다.
그것은 선생이 아이의 삶에 한 걸음 들어가는 순간,
비로소 시작된다."

18-3. 삶은 가장 정직한 교실이다
— 아이들 앞에 서는 나,
　그 순간이 가장 날카로운 배움의 시간이었다

누군가 "선생님은 다 아시잖아요."라고 말할 때마다
나는 속으로 쓴웃음을 짓는다.
나는 안다.
내가 알고 있는 수학보다,
아이 앞에 선 나의 태도가 더 많은 걸 말해 준다는 걸.

어느 겨울 밤, 수업을 마치고 교실에 불을 끄려는데
한 학생이 책상에 엎드려 있었다.
"집에 안 가니?"
고개를 들지 않던 아이가 겨우 말했다.
"그냥… 여기 있고 싶어요."
나는 한동안 아무 말도 하지 못했다.
공식 하나 외우지 못했다고 나무라던 내 모습이 떠올랐다.
그 아이의 오늘 하루는, 수학이 전부가 아니었다는 것을
나는 그날 '배웠다.'

삶은 정직했다.
아이가 말하지 않아도, 나는 배워야 했다.

지식의 전달이 아니라, 사람을 가르친다는 건,
매일 나 자신을 먼저 들여다보게 하는 일이라는 걸.

또 어떤 날은,
3번 연속으로 오답을 써내던 아이에게
"계산 실수 그만 좀 해라."
하고 퉁명스럽게 말하고 말았다.
아이의 얼굴이 굳는 게 보였다.
"죄송해요…."
순간, 교실 안 공기가 무겁게 내려앉았다.
그날 밤, 혼자 수업을 피드백 하다가
내 말투에 나도 놀랐다.
정답을 알려 주는 사람이 아니라,
감정을 실은 채 '판단'을 하고 있었던 것.
아이에게 수학을 가르친 게 아니라,
내 짜증과 피로를 그대로 전해 준 셈이었다.
그날 나는
"가르침에는 말보다 표정이, 지식보다 공감이 먼저"
라는 걸 배웠다.

아이들과 나누는 질문 한 줄,
숙제 검사하며 마주치는 눈빛,

정답보다 더 긴 침묵 속에서
삶은 나를 교정하고, 깨닫게 하고, 조용히 가르쳤다.

매일 똑같은 수업 같지만,
그날그날의 아이는 다르고,
그날그날의 내가 다르다.
삶은 어떤 교과서보다 날카롭고,
어떤 시험보다 진실하다.

누군가에게는
수학 공식과 문제 풀이만 남을지 모르는 시간들.
하지만 나에게는
사람을 이해하고, 기다리고, 품는 법을
매일 새로이 배워나가는 교실이었다.
아이들에게 가르치려는 순간마다
나는 나 자신에게 다시 묻는다.
"지금 이 순간, 나는 어떤 교사가 되어 가고 있는가?"
"교실에 먼저 배우려는 사람이 선생으로 있다면,
그 수업은 실패하지 않는다."
삶은 매일 내게 과제를 낸다.
그리고 아이들은 그 과제를 풀어야 하는 나의 거울이다.

우리는 인생을 사는 동안 교사 없는 교실에서 배운다.
진정한 배움은 누군가가 가르치지 않아도 시작된다.
때로는 침묵이, 때로는 실수가, 때로는 고요한 기다림이 스승이 된다.

존 듀이는 "경험은 곧 교육이다."라고 말했다.
그 말처럼 우리는 오늘도 수많은 경험이라는 교재를 통해 배워간다.
그것이 고통이든 기쁨이든,
부끄러움이든 자랑이든,
모든 삶의 조각은
우리를 더 넓은 존재로 초대하는 배움의 순간들이다.
그리고 그 배움은,
단지 내가 성장하기 위한 것이 아니라,
타인을 더 깊이 이해하고,
더 나은 세계를 만들기 위한 길이기도 하다.

19장
질문하는 사람으로 산다는 것

답을 아는 사람보다, 묻는 사람으로 살고 싶다

어느 날, 한 초등학생이 물었다.
"선생님, 세상은 왜 이렇게 불공평해요?"
그 순간, 나는 입을 다물었다. 정답은 없었다.
그 대신, 나는 되물었다.
"너는 어떤 게 공평한 거라고 생각해?"
그리고 오고 간 이런 저런 말들….
이후에 얼마 지나지 않아 그 짧은 대화를 다시금 고민하며 생각하니 그 속에 이런 깨달음이 있었다.
"배움은 질문을 품는 용기에서 시작된다는 것."
질문을 잃은 순간,
우리에게는 더 이상의 배움이 없을 수 있다.

질문을 잃는다는 건, 궁금함을 잃는 것이고,
궁금함을 잃는다는 건 살아 있는 감각을 잃는 일이다.

19-1. 질문은 '살아 있음'의 증거다

사람은 질문할 때 가장 인간답다.
왜냐하면 질문은 본질적으로 결핍의 언어이기 때문이다.
"나는 아직 모른다."
"나는 더 알고 싶다."
"나는 지금 이 상태에 머물고 싶지 않다."
그 고백은 어떤 지식보다 값지다.
아는 척하지 않고, 모른다고 말할 수 있는 사람,
그 용기가 바로 배우는 사람의 마음이다.
우리는 종종 성인이 되면서 질문을 잃는다.
'다 안다.'고 말하는 순간부터,
혹은 '몰라서 창피하다.'고 느끼는 순간부터
질문은 우리 삶에서 슬며시 빠져나간다.
그러나 진짜 배움은,
몰라서 질문하고, 알아도 더 묻는 사람에게 찾아온다.

19-2. 어른이 된다는 건, 더 나은 질문을 품는 일

질문은 나이에 따라 진화한다.

아이들의 질문은 호기심에서 시작된다.

"왜 하늘은 파래요?"

"시간은 왜 지나가요?"

청소년의 질문은 정체성을 향한다.

"나는 누구인가요?"

"어떻게 살아야 하나요?"

성인의 질문은 의미를 향한다.

"지금 내가 잘 살고 있는 걸까?"

"무엇이 진짜 행복일까?"

"어떻게 해야 더 괜찮은 인간이 될 수 있을까?"

질문은 깊어진다. 삶이 깊어지듯이.

따라서 질문하는 성인이 된다는 건,

끊임없이 자기 삶을 점검하며 살아간다는 뜻이다.

19-3. 정답보다 중요한 것

우리는 정답을 찾아야 하는 시대에 살았다.

입시에서, 취업에서, 시험에서,

우리는 늘 빠르고 정확한 답을 요구받았다.

그러나 삶의 질문에는 정답이 없다.
대신 나만의 '진심어린 대답'을 찾아야 한다.
그것은 때로 시간이 오래 걸리고,
돌고 돌아서야 보이는 진실이기도 하다.
'정답' 은 누군가가 준 것이지만,
'대답' 은 내가 살아낸 삶에서 길어 올린 것이다.

삶의 질문은 정답이 없기에 오히려 자유롭다.
누군가의 기준에 맞추지 않아도 되니,
나의 속도로 걸어갈 수 있다.
하지만 그 자유는 역설적으로 무거운 책임을 동반한다.
타인의 목소리가 아닌 내 안의 소리를 듣고,
그 선택에 끝까지 책임을 지는 일이다.
그러나 대답을 찾는 과정은 결코 쉽지 않다.
때로는 방향을 잃고 헤매기도 하고,
주변의 의심스러운 눈초리에 상처받기도 한다.
예전에 가르쳤던 한 학생은 미술을 전공하며
"밥벌이가 되겠냐?"
는 핀잔을 들었지만, 꾸준히 작품을 만들며 SNS에 올렸다. 처음에는 반응이 없었으나, 점차 그의 독특한 스타일을 알아보는 이들이 생겼다. 이제 그의 작품은 나름의 팬층을 형성하며 사랑받고 있다.
 그가 처음부터 '성공'을 목표로 했다면 포기했을지도 모른다.

하지만 그는 단순히
"내가 좋아하는 일을 계속하는 것"
이라는 대답에 집중했고, 그 과정에서 자연스럽게 길이 열렸다.

종종 그 '대답'은 혼자만의 고뇌에서 나오지 않는다.
타인의 이야기를 듣고, 자연과 사회를 관찰하며,
때로는 실패와 좌절을 통해 다듬어진다.

환경운동가 그레타 툰베리의 활동은 단순히 "기후 위기를 막아야 한다."는 당위에서 시작된 것이 아니다.
그녀는 어린 시절부터 우울증과 싸우며 자연과의 교감을 통해 문제의식을 키웠다.
그녀의 '대답'은 자신의 아픔과 세계의 고통이 연결되어 있다는 깨달음에서 비롯되었다.
이처럼 대답은 개인의 경험과 공동체의 문제가 만나는 접점에서 탄생한다.

사회는 여전히 정답을 강요하지만,
이제는 질문을 바꿔야 한다.
"어떤 대답을 찾았는가?"가 아니라
"당신의 대답은 어떤 과정을 거쳐 왔는가?"라고…
정답은 고정된 목표지만, 대답은 끝없는 여정이다.

그 여정 속에서 우리는 자신을 이해하고,
타인과 연대하며, 세상을 새롭게 해석한다.
때로는 길을 잃어도 괜찮다.
돌고 도는 길이야말로 우리만의 대답을 빚어내는 흙이니까.
그러니 오늘도
끊임없이 스스로에게 하는 질문으로 자기 삶을 점검하며,
정답을 묻는 세상에 당당히 말하자.
"나는 내 대답을 찾고 있어요."
그 말이 바로 우리가 살아가는 가장 인간다운 증거가 아닐까.

19-4. 질문이 있는 사람은 외롭지 않다

질문을 품는다는 것은,
자신을 향한 깊은 관심이자,
세상을 향한 따뜻한 연결이다.
질문이 있는 사람은 끊임없이 세계를 탐색한다.
자신의 틀을 부수고, 다른 이의 입장을 헤아리며,
언제나 조금 더 나아진 '나'를 향해 걷는다.
반대로 질문이 없는 사람은 고여 있는 물과 같다.
흐르지 않고, 굳어 있고, 결국 썩는다.
질문은 삶을 순환시키는 바람이다.
우리를 다시 '살아 움직이게' 만드는 내면의 움직임이다.

질문은 단순한 호기심이 아니다.

그것은 자기 자신을 비추는 거울이자

세상과 대화하는 창문이다.

한 아이가 하늘을 가리키며 "별은 왜 반짝일까?"라고 물을 때, 그 질문은 우주를 향한 첫걸음이 된다.

과학자 마리 퀴리가 방사능을 연구하며 "이 빛은 어디서 오는 걸까?"라고 탐구한 순간, 인류는 원자력의 시대를 열었다.

이처럼 질문은 미지의 영역을 개척하는 도구다.

역사 속 위대한 변화는 모두 질문에서 시작되었다.

"흑인의 대우는 왜 평등하지 않은가?"라는 질문이 미국 민권 운동을 일으켰고,

"지구는 정말 평평한가?"라는 의문이 항해 시대를 열었다.

현대 사회에서도 마찬가지다.

기후 위기 앞에서 "우리가 지속 가능한 방식을 찾을 수 있을까?"라는 질문은 친환경 기술 개발로 이어지고,

AI 윤리에 대한 "기계가 인간의 선택을 대체해도 되는가?"라는 논쟁은 새로운 철학적 담론을 낳는다.

질문은 고인 문제를 흐르게 하는 펌프다.

하지만 더 중요한 것은,

질문이 인간을 외롭지 않게 만든다는 점이다.

질문이 많은 사람은 고립되지 않는다.

그들은 타인의 삶에 관심을 갖고,
다른 시각을 경청하며, 공감의 다리를 놓는다.
반면 질문이 멈춘 사람은 자기 생각에 갇힌다.
SNS에서 일방적으로 주장을 쏟아내거나,
타인의 의견을 무시하는 이들은 점점 외로워진다.
질문은 경계를 허물고 공동체를 만드는 힘이다.

하지만 오늘날 많은 시스템이 질문을 억압한다.
학교에서는 정답을 맞히는 기계적 학습이 강조되고,
직장에서는 창의적 제안이 무시되기 일쑤다.
"왜 기존 방식을 따라야 하죠?"라고 물었다가 상사에게 "시키는 대로 해!"라는 답변을 들었다는 이야기는 흔하다.
이런 환경에서는 호기심이 두려움으로 변질된다.
반면 핀란드의 교육은 "왜 그렇게 생각하나요?"를 반복하며 학생의 비판적 사고를 키운다.
구글은 직원들에게 "20%의 시간을 엉뚱한 프로젝트에 쓰라."고 권장해 혁신을 이끌어냈다.
질문은 제약이 아닌 가능성임을 보여 주는 사례들이다.

앞에서도 언급했지만 질문은 살아 있음의 증거다.
질문은 결코 배부른 자의 사치가 아니다.
그것은 생존을 넘어 성장하려는 의지다.

나무가 빛을 향해 가지를 뻗듯,
인간은 질문을 통해 자신의 한계를 넘는다.
때로는 답을 찾지 못해도 괜찮다.
"왜?"라는 물음표 하나가 머릿속에서 맴도는 것만으로도 우리는 어제보다 조금 더 깨어 있게 된다.
그러니 오늘도 마음속에 작은 질문을 품어 보자.
"나는 왜 이 일을 하고 있을까?"
"이 문제에 다른 해결책은 없을까?"
그 질문들이 모여 당신을 외롭지 않은 삶,
끊임없이 성장하는 삶으로 이끌 것이다.

19-5. 질문하는 공동체가 필요하다

가정은, 교실은, 회사는,
질문이 자유롭게 오갈 수 있는 공간이 되어야 한다.
누군가의 질문이 조롱받지 않고,
모른다고 말해도 안전한 분위기.
그 안에서 우리는
서로의 질문을 귀하게 여기고,
그 질문에 함께 머물며 살아갈 수 있다.
존 듀이가 말한 것처럼,
"참된 교육은 '삶의 계속적인 재구성'이다."

질문은 그 재구성을 가능하게 하는 문이다.
배움을 멈추지 않는 인간은,
질문을 품은 인간이다.

질문이 숨 쉬는 공동체는
단순한 지식 공유의 장이 아니다.
그것은 서로 다른 목소리가 공명하는 심포니이자,
함께 성장하는 유기체다.
존 듀이가 강조한 '삶의 재구성'은 개인의 성찰만으로 이루어지지 않는다. 타인의 질문을 경청하고, 그 안에서 새로운 의미를 발견할 때 비로소 완성된다.

가정에서 질문은 단순한 정보 교환을 넘어 감정과 가치관을 연결하는 다리가 된다.
어느 주말 아침, 중학교 1학년인 한 아이가 거실에서 뉴스 방송을 보던 아버지에게 불쑥 물었다.
"아빠, 왜 우리 집은 매년 할머니 댁에 가서 제사를 지내요? 친구들은 그냥 놀러 가던데."
아버지가 잠시 생각하고는 미소를 지으며 답했다.
"할머니께서 어렸을 때 혼자 되셨거든.
그때 마을 분들이 도와주셔서 살아남으셨대.
그래서 우리 가족은 감사함을 잊지 않으려고 해."

수민은 고개를 끄덕이며
"그럼 나도 커서 이걸 계속해야 할까?"
라고 다시 물었다.
"네 마음이 가는 대로 해도 돼.
중요한 건 그 마음을 기억하는 거니까."
라고 아버지는 말했다.
그날 밤, 수민은 할머니와 영상 통화를 하며 어린 시절 이야기를 들었고, 가족의 역사가 자신에게 어떤 의미인지 깨달았다.

이상의 대화에서 질문은 과거와 현재를 잇는 통로이자 미래를 함께 그려가는 과정이다.

또 다른 예로,
한 어머니는 아들이 초등학교 3학년 때
"엄마는 왜 직장을 다니세요?"
라고 묻자, 자신의 경력 단절 경험과 재취업 과정을 솔직하게 이야기했다.
"그럼 엄마는 힘들지 않아?"
라고 아들이 물었고, 어머니는
"힘들 때도 있지만 네가 자랑스러워하는 엄마가 되고 싶어."
라고 답했다.
이후 아들은 숙제를 미루지 않고 스스로 계획을 세우기 시작했고,

어머니는 아들의 작은 성취에도 칭찬을 아끼지 않았다.
　이 대화에서 질문은 서로의 선택을 이해하고 응원하는 신뢰의 씨앗이 된 것이다.

　질문이 있는 가정은 '왜?'라는 물음표로 가득하지만,
그 물음표는 느슨한 유대감이 아닌
단단한 연결을 만든다.
아이의 호기심은 부모의 삶을 되돌아보게 하고,
부모의 답변은 아이에게 세상을 바라보는 렌즈를 제공한다.
이 순환 속에서 가족은 각자의 차이를 존중하며 하나의 공동체로서 성장한다.

　교실은 질문으로 단순히 지식을 전달하는 장소가 아니라,
호기심을 키우고 협력을 배우는 실험실이어야 한다.
　교사가 일방적으로 지식을 주입하는 대신, 학생들이 스스로 질문을 생성하고 해결하도록 유도함으로써 학습의 주도권을 학생에게 돌려주어야 한다.
　그 결과, 학생들은 교과서를 넘어 세상과 연결된 배움을 경험할 수 있다.
　질문이 살아 있는 교실은 '안전한 실패의 장'이다.
　학생들이 "틀리면 어쩌지?"라는 두려움 없이 질문을 던지고, 실패를 통해 배우며, 동료와 함께 답을 찾아가는 과정에서 사회성과 창의성

이 동시에 자라난다.

이는 존 듀이가 말한 '삶의 재구성'이 교실 안에서 구현되는 모습일 것이다.

기업 역시 질문으로 혁신을 이뤄낸다.

구글은 '20% 프로젝트'로 직원들에게 업무 외 아이디어를 탐구할 시간을 준다. 한 직원이 "왜 회의는 항상 지루할까?"라고 질문한 뒤, 가상 현실로 원격 회의를 진행하는 실험을 했고, 이는 글로벌 팀 협업 방식을 혁신했다.

반면 일본의 한 기업은 신입 사원이 상사에게 질문하면 '무례하다.' 는 평가를 받는 문화 탓에 창의적 제안이 사장되었다. 질문은 조직의 경직성을 깨는 망치다.

질문이 살아 있는 공동체는 고인 물이 되지 않는다.
가정에서 아이는 부모의 답변을 통해 세상을 배우고,
교실에서 학생은 동료의 질문을 통해 사고의 지평을 넓힌다.
회사에서 직원은 상사의 피드백으로 성장한다.
이 모든 과정은 '함께'라는 연결고리 위에서 이루어진다.

하지만 질문하는 문화를 만들기 위해선 용기가 필요하다. 모르는 것을 인정하고, 타인의 시선을 견디며, 실패를 두려워하지 않아야 한다. 그럼에도 불구하고 질문을 포기해선 안 된다.

왜냐하면 질문은 우리가 서로에게 기대어 성장하는 유일한 길이기 때문이다. 존 듀이가 말한 '재구성'은 결국 공동체가 함께 질문하며 만들어가는 미래의 모습이 아닐까.

오늘 당신의 주변에서 가장 필요한 질문은 무엇인가?
그것을 묻고 답하는 순간,
당신은 혼자가 아님을 느낄 것이다.
질문은 우리를 외롭게 하지 않는다.
오히려 함께 살아갈 이유를 주는 신호다.

질문은 성장을 가능케 하는 가장 고요한 혁명이다.
그것은 외부로 향하는 도전이기 전에
내면을 향한 깊은 침잠이다.
오늘 하루, 당신은 어떤 질문을 품고 있는가?
"나는 정말 나답게 살고 있는가?"
"나는 지금 배우고 있는가, 머물러 있는가?"
"나는 사랑하고 있는가, 판단하고 있는가?"
이 질문들이 당신 안에서 작게 울리고 있다면,
당신은 여전히 살아 있는 존재이며 배우는 존재다.

20-1. '아는 척'보다 더 깊은 배움, 함께 '모르는 채' 있어 주는 사람

"선생님, 이 문제요…. 왜 이렇게 풀어야 되는지 진짜 모르겠어요."
나는 잠시 말을 멈췄다.
수학 강사로서 매번 이런 질문 앞에서는
정확하고 깔끔한 해설을 해야 한다는 압박이 있었다.
하지만 그날은… 나도 정말,
왜 그렇게 풀어야 하는지 당장 설명할 수 없었다.
"음… 나도 지금은 잘 모르겠네.
같이 천천히 보자."

아이의 눈이 커졌다.
그 눈은 내가 '모른다.'고 했기 때문이 아니라,
내가 그것을 숨기지 않았기 때문이었다.

아이들은 때로 '모르는 걸 모른다.'고 말하지 못한다.
왜냐하면 우리 어른들이 '아는 척'에 너무 익숙하기 때문이다.
나는 예전의 나를 기억한다.
설명을 해 놓고도 아이가 이해하지 못하면
"이해했지?" 하고 마무리했다.
그건 질문이 아니라 압박이었다.
진짜 확인이 아니라 회피였다.

중3 민정이(가명)는 늘 고개를 끄덕이던 아이였다.
그런데 시험 성적은 늘 기대 이하.
나는 물었다.
"민정아, 지난 시간에 했던 거 기억나?"
"네."
"…. 정말?"
"잘… 모르겠어요. 근데 다른 애들은 다 아는 것 같아서…."
그 말이 마음을 쳤다.
"다른 애들은 다 아는 것 같아서."
나는 아이에게 말했다.

"모르는 네가 문제가 아니라,
모른다고 말해도 괜찮은 분위기가 아닌 게 문제야."
그 이후, 나는 수업 시작 전에 이렇게 말했다.
"모르는 것을 모른다고 스스로 인정하고, 모른다고 말하고, 질문해서 알아가는 사람이 진정 용기 있는 사람이다."
그랬더니 민정이가 손을 들었다.
"선생님, 이거 처음부터 다시 설명해 주세요. 제가 진짜 모르겠어요."
교실이 조금 조용해졌지만
나는 크게 웃으며 대답했다.
"너무 좋아. 바로 그렇게 하는 거야."

우리는 종종 '아는 척'을 배움의 완성이라 착각한다.
하지만 진짜 배움은
"나도 잘 몰라, 우리 같이 알아가 보자."
라고 말할 수 있는 관계에서 시작된다.
아이들이 정말 필요한 것은
모든 답을 알고 있는 어른이 아니라,
자신의 '모름'을 눈치 보지 않고 말할 수 있는 사람이다.
"모른다는 말 앞에서 우리는
스승과 제자의 자리를 잊는다.
그저 함께 '살아가는 사람'으로 서 있을 뿐이다.
진짜 배움은, 그곳에서 시작된다."

20-2. 모른다, 두려움이 아니라 기회의 말
— 진짜 배움은 '모름'을 받아들이는 데서 시작된다

"이거 아는 사람?"

질문이 교실 안을 맴돈다.

어느 누구도 손을 들지 않는다.

나는 여전히 '침묵' 속에서 아이들의 표정을 읽는다.

눈은 책을 보고 있지만, 마음은 "모르면 안 되잖아…." 하고 속삭이는 것 같다.

그 침묵 속에서 가장 큰 장애물은 모른다는 말에 대한 두려움이다.

아이들은 몰라서 위축되는 게 아니라,

'모른다'는 말을 꺼낸 뒤에 따를 결과를 걱정해서 움츠러든다.

예전 수업을 듣던 중2 여학생 중에

항상 조용하고, 질문 하나 하지 않던 아이.

그런데 수업이 끝나고 혼자 다가와 작은 목소리로 말했다.

"선생님, 저… 사실 함수 진짜 모르겠어요.

계속 모르는데, 이제는 더 물어보기도 무서워요."

나는 웃으며 말했다.

"모른다고 말한 네가 수업에서 제일 멋있다.

진짜 배움은 거기서부터 시작되는 거야."

사실 '모른다.'는 말은 단지 지식의 공백을 드러내는 말이 아니다.
그건 새로운 길의 입구다.
"모른다."고 말하는 사람은, 지금 걸어가기로 선택한 사람이다.
알고 있다고 믿는 사람은 멈추어 선다.
하지만 모른다고 말하는 사람은, 다시 걷는다.

우리는 얼마나 자주 '아는 척'으로 기회를 닫아 버리는가.
한 번은 고등 수학 문제를 풀던 아이가 말했다.
"이건 제가 아는 유형이에요. 이렇게 풀면 되죠?"
"그럴까? 이 문제는 조금 다를 것 같은데?"
"…. 그런가요? 근데 비슷해 보여서요."
그 아이는 알고 있는 것과 비슷하다는 이유로 문제를 대충 넘기려 했다.
결국 시험에서 똑같은 실수를 반복했다.
진짜 문제는 몰라서가 아니라, 모른다고 인정하지 않아서였다.

"모른다."는 말은 사실 가장 용기 있는 배움의 표현이다.
그건 자기 자신 앞에서 정직해지는 일이고,
누군가와 함께 길을 찾아가겠다는 신호다.
'모른다.'고 말할 수 있는 사람은 늘 성장한다.
왜냐하면, 그는 늘 기회를 가지고 있기 때문이다.

21장
배움은 관계다: 나를 변화시키는 만남들

진짜 배움은, 사람을 통해 우리 안으로 들어온다

내가 살아오며 가장 많이 배운 순간을 떠올려 보면,
그건 언제나 '무엇'이 아니라 '누구'였다.
책 속의 지식이나 정답이 아니라,
어떤 사람의 말투, 눈빛, 침묵, 그리고 태도였다.
배움은 관계를 타고 흐른다.
우리의 인생을 변화시키는 진짜 배움은
사람을 통해 우리 안으로 들어온다.

21-1. '그 사람 덕분에'라는 말의 깊이

어느 날, 한 아이가 나지막이 말했다.

"선생님, 저 예전보다 수학이 덜 무서워졌어요."

"이젠 틀려도 되는 것 같아요. 왜 그런지 알아요?"

"그냥… 선생님 덕분인 것 같아요."

나는 아무 말도 할 수 없었다.

그 순간, 나는 오래도록 잊고 있었던 한 문장을 떠올렸다.

'그 사람 덕분에'라는 말에는, 말로 다 못한 감정이 숨어 있다. 그리고 그 감정은 배움의 방향을 바꾸고, 삶의 깊이를 만든다.

✱ "그 아이 덕분에"

관계는 한 방향이 아니라 순환하는 배움이다

한 고등학생 아이가 있었다.

자존감이 낮고, 늘 고개를 숙인 채 수업을 들었다.

문제를 맞혀도 눈치부터 살폈다.

기뻐하지 못했고, 자신이 잘했다고 믿지 않았다.

나는 다가가 묻곤 했다.

"어디까지 이해했니?"

"이제 네 방식으로 설명해 볼래?"

처음엔 말이 없었지만, 시간이 흐르며 조금씩 스스로의 언어로 대답을 시작했다.

어느 날엔 나보다 더 간단한 풀이를 만들어내기도 했다.

그 순간, 나는 깨달았다.

"아, 나도 이 아이에게 배우고 있었구나."

아이의 방식은 다르고 느리지만, 분명한 '이해의 언어'가 있었다.

그 아이 덕분에, 나는 '천천히 가르치는 법'을 배웠다.

✽ "그 친구 덕분에"

배움은 때때로 친구라는 거울을 통해 일어난다.

어느 반에서, 한 아이가 늘 조용히 앉아 문제만 풀었다.

그리고 다른 한 아이는 늘 질문이 많고, 이해가 느린 편이었다.

나는 걱정했다. 속도가 다른 두 사람이 스트레스를 받지 않을까.

하지만 놀랍게도 질문 많은 아이가 틀릴 때마다,

조용한 친구가 가만히 말했다.

"나도 저 문제 틀렸었어."

"이거 이렇게 하면 되는데, 해 볼래?"

둘은 그렇게 서로를 가르치고 배우며, 어느새 가장 가까운 공부 친구가 되었다.

시험이 끝난 날, 질문이 많던 아이가 말했다.

"이번에 제가 처음으로 틀린 문제가 거의 없어요.

저 친구 때문(덕분)이에요."

(아이들은 사실 '덕분에'라는 말을 잘 쓰지 못한다. 어색해서 일까⋯. '~때문에'라는 말을 더 쓰는 습관이 있다)

그 말을 듣던 조용한 친구가 웃으며 대답했다.

"나도 너 때문(덕분)에, 말로 설명하는 연습이 됐거든."

그 사람 덕분에, 나는…

우리는 흔히 배움을 지식의 축적이라고 생각하지만,
진짜 배움은 종종 '누구와 함께 했는가?'의 기억에서 시작된다.
내가 용기를 냈던 이유,
내가 멈추지 않았던 순간,
내가 다시 시도해 본 이유.
그 모든 순간에는 '그 사람 덕분에'라는 말이 따라온다.

✱ 관계의 시간은 배움을 빚는 시간이다
'그 사람 덕분에'라는 말은 곧,
나를 존중해 준 사람의 온기
내 실패를 함께 견뎌 준 사람의 침묵
질문을 허락해 준 사람의 여유
천천히 배워도 괜찮다고 말해 준 사람의 신뢰
그 모든 시간의 총합이다.

배움은 결코 혼자 이룰 수 있는 일이 아니다.
우리는 늘 누군가 덕분에 자라났고,
지금 이 순간에도 누군가 덕분에 계속 배워 가고 있다.
"그 사람 덕분에"라는 말의 깊이는,
곧 나의 배움의 깊이다.

21-2. 진심은 가르침보다 오래 남는다
— 점수보다 오래 남는 것들에 대하여

한 아이가 있었다.

언제나 책상에 고개를 파묻고, 질문하면 대답은 짧았다.

"몰라요."

"귀찮아요."

그 말들은 마치, 나와의 거리를 재는 자처럼 들렸다.

처음엔 '의욕이 없구나.' 생각했지만, 어느 순간 알게 되었다.

그 아이는 사실, 포기한 게 아니라 포기당한 적이 있었던 아이였다.

"넌 왜 항상 이 모양이니?"라는 말에,

자신을 스스로 '문제아'로 규정해 버린 아이.

나는 그 아이를 밀어붙이지 않았다.

혼내지도, 추궁하지도 않았다.

다만, 매 시간 같은 자리에 앉아

그 아이가 풀 수 있는 문제를 놓고,

함께 풀고, 또 기다렸다.

어느 날, 그 아이가 말했다.

"선생님, 저 진짜 공부 안 하려고 했어요."

"근데… 선생님은 저한테 진짜 화 안 내시더라고요."

"그래서… 그냥 좀, 해 보고 싶어졌어요."

나는 그 말을 듣고 한참 동안 아무 말도 할 수 없었다.

그 아이가 기억한 건,

내가 알려 준 공식도, 문제풀이 팁도 아니었다.

그 아이는 내 '태도'를 기억하고 있었다.

비난 대신 기다림으로,

지시 대신 곁에 머무름으로 보여 준

말 없는 신호들.

그 아이는 결국, 관계 속에서 배우고 있었던 것이다.

✱ 배움은 감정의 자리에서 시작된다

우리는 종종 가르치는 자리에 설 때,

내용과 방식에 몰두한다.

어떻게 설명하면 더 잘 알아들을까.

어떻게 요점 정리를 하면 더 효율적일까.

하지만 배움의 가장 깊은 층은 지식이 아니라 감정에서 시작된다.

공감받았다는 기억

존중받았다는 감각

기다려졌다는 경험

그것이 '나는 이 사람 앞에서 다시 시도해 보고 싶다.'는 마음을 만든다.

그리고 그 마음이 지속적인 배움으로 이어진다.

✱ 가르침보다 오래 남는 것

돌아보면, 내게도 그런 사람이 있었다.

혼나지 않았기에,

말없이 묵인해 주었기에,

그래서 오히려 미안하고, 그래서 더 해 보고 싶었던 기억.

그건 지식의 전달이 아니라,

존재의 수용에서 비롯된 배움이었다.

그 아이도 지금 그런 경험을 하고 있었던 것이다.

우리는 수업 시간에 수많은 것을 가르치지만,

가장 오래 남는 것은 우리의 태도다.

누군가에게 '한 사람의 믿음'이란 얼마나 강력한 배움의 불씨가 되는지, 그 아이의 한마디가 말해 주었다.

21-3. 비판보다 '존중'이 배움과 성장의 관계를 만든다
— 판단이 아닌 믿음으로 곁에 서는 법

"선생님, 저 이거 또 틀렸어요."

어느 날 수업이 끝나고 한 아이가 조심스럽게 내게 다가왔다.

수학 문제집을 들고, 고개를 푹 숙인 채였다.

그 아이는 이전에도 몇 번 같은 문제를 반복해서 틀린 적이 있었다.

솔직히 말하면, 내 안에서도 짜증이 피어오를 뻔했다.

'도대체 이걸 몇 번이나 설명했는데….'

하지만 그 순간,

그 아이의 얼굴에서 나는 '자기 자신을 먼저 비난하고 있는 모습'을 보았다.

그건 배움 앞에서의 두려움이었다.

틀린 것을 알려 주는 일보다

'틀려도 괜찮다.'는 걸 먼저 알려 줘야 할 순간이었다.

✽ 틀렸다는 사실보다, 틀렸다는 감정이 더 무겁다

우리는 종종 '지도'와 '비판'을 혼동하곤 한다.

가르친다는 이유로, 더 잘 알기 때문에

우리는 때때로 아이들의 실수에 냉소적이 되기도 한다.

하지만 배움은,

'틀리지 않는 존재가 되기 위한 길'이 아니라,

'틀림을 통해 나아가는 연습' 그 자체다.

아이들은 그 여정을 걷고 있다.

그 여정에서 필요한 것은

지적이 아닌 존중, 수정이 아닌 신뢰다.

✽ 그 아이는 그렇게 성장하고 있었다

몇 주 후, 그 아이가 내게 다시 와서 말했다.

"선생님, 저 이제 이 문제는 자신 있어요."

"그땐 진짜 바보 같다고 생각했는데… 선생님이 말 안 해주셔서 오히려 계속 풀어 봤어요."

나는 그 순간, 알았다.

비판 대신 믿어 준 시간,

지적 대신 존중했던 태도가

그 아이의 내면 어딘가에 배움의 불을 붙였다는 걸.

우리는 너무 쉽게 다른 사람의 틀림을 자신의 실패처럼 여긴다.

그래서 서두르고, 때로는 몰아붙이고, 실수를 줄이려 든다.

하지만 진짜 배움은,

틀릴 수 있는 공간과, 틀려도 괜찮은 눈빛 속에서 자란다.

✱ 사람에게 존중은 '안전지대'다

비판은 판단을 낳고,

판단은 두려움을 만든다.

그러나 존중은 신뢰를 낳고,

신뢰는 도전을 가능하게 한다.

아이가 우리 앞에서 성장하는 이유는,

완벽해서가 아니라, 있는 그대로 존중받았기 때문이다.

존중은 말보다 먼저 전해지는 태도다.

표정, 말투, 기다려 주는 침묵,

실수를 부드럽게 감싸는 분위기.

그런 시간들이 모일 때

아이들은 스스로를 덜 두려워하게 된다.
그리고 그때부터, 비로소 배우기 시작한다.

존중은 거창한 구호가 아니라, 작은 순간의 선택이다.
아이의 질문을 귀찮아하지 않기,
동료의 의견에 눈을 마주치며 고개를 끄덕이기,
배우자의 실수에 숨은 노력을 상상해 보기.
이런 행동들이 모여 개인과 조직, 사회 전체에 안전지대를 넓힌다.
그 안에서 사람들은 두려움 없이 도전하고,
서로를 가르치며, 함께 성장한다.

오늘 당신이 마주친 누군가에게 존중의 한마디를 건네 보자. 그 말이 그의 내일에 어떤 꽃을 피울지, 우리는 결코 알 수 없을 테니까.

❋ 나도 누군가의 존중 속에서 배웠다
때때로 잊고 살지만 사실 나도 그랬다.
학생 시절,
나를 끝까지 믿어 준 선생님이 한 분 계셨다.
늘 부족한 나를 다그치지 않고,
"괜찮아. 이번엔 여기를 한 번 더 생각해 볼까?"
그 한마디에 나는 몇 번이고 다시 펜을 들었다.
그분의 존중은 내게 [가르침을 넘은 '관계의 유산']으로 남아 있다.

그리고 지금 나는,
그 관계의 방식대로
아이들을 만나려고 노력한다.

결국 배움이라는 것은 관계 속에서 완성된다.
비판은 빠르지만,
존중은 오래 간다.
비판은 즉각적인 반응을 낳지만,
존중은 지속적인 변화를 가능하게 한다.
아이는 우리가 알려 준 답보다,
우리가 건넨 태도를 더 오래 기억한다.
성장하는 관계는 언제나
비판보다 존중 위에 세워진다.

21-4. 배움은 결국 '사람'이다
― 관계 속에서 피어나는 가장 깊은 깨달음

"그때 선생님이 해 주신 그 말, 아직도 기억나요."
몇 해 전, 수업이 끝난 뒤 늦은 저녁에 카페에서 만난 제자가 그렇게 말했다.
처음엔 어떤 말을 뜻하는지 떠오르지 않았다.
그 아이는 한참 망설이다가, 이렇게 덧붙였다.

"그날 제가 자꾸 문제 틀릴 때, 선생님이 '괜찮아, 지금은 배우는 중이니까.'라고 하셨어요.

그 말 듣고 진짜 숨통이 트였어요."

나는 잠시 멍해졌다.

사실 지금은 기억도 나지 않는… 그저 지나가는 말이었고,

누구에게나 비슷하게 했던 말이었는데…

그 아이는 '그 말'에 걸려 넘어졌고, 거기서 다시 일어섰다.

✻ 책은 사람이 쓴 편지다

책을 읽을 때에도 나는 곧잘 사람을 떠올린다.

몇 년 전, 파커 J. 파머의 《가르칠 수 있는 용기》를 읽던 어느 겨울,

나는 한 문장에서 한동안 멈춰 있었다.

"진정한 가르침은 정보 전달이 아닌 '존재의 만남'이다."

그 말은 활자가 아니라,

누군가 나를 깊이 이해하고 있다는 느낌으로 다가왔다.

생각해보면 책이란 결국,

그 글을 쓴 사람과의 가장 진중한 대화다.

혼자 있는 시간조차 '사람'으로부터 배운다.

한 줄의 문장, 하나의 시선, 오래전 누군가의 말투.

배움은 그 사람을 통로 삼아 내게로 흘러든다.

따뜻한 커피를 따라 주던 어머니의 손

"왜 그렇게 급하게 마셔. 커피는 천천히 마시는 거야."
언젠가 어머니가 해 주신 말이다.
별 뜻 없이 건넨 말이었겠지만,
그날 나는 무언가를 배웠다.
속도를 늦추는 법,
마음을 챙기는 태도,
관계를 음미하는 여유.
커피 잔을 놓는 손길, 부드러운 말투,
그 모든 '사람의 방식'에서
나는 '내 삶의 방식'을 배워 왔다.

✽ 수학보다 더 오래 남는 것

내가 아이들에게 수학을 가르치며 자주 느끼는 것들 중 하나, 그것은 그들이 수식보다 '사람'을 기억한다는 사실이다.

문제집을 펴고,
답을 맞히는 과정보다
내가 어떤 눈빛으로 아이를 바라보았는지
틀렸을 때 어떤 말로 감싸 주었는지
그들은 그걸 더 또렷이 기억한다.
그 기억은 어떤 공식보다 오래간다.
그 기억이 바로

배움의 씨앗이 되어 자라난다.

그래서 나는 아이들과 마주할 때마다 늘 되새긴다.
정답보다 더 중요한 건 사람의 마음이라는 것을.

어느 날, 중학교 2학년 남자아이가 시험에서 낮은 점수를 받고 풀이가 가득한 종이를 내 앞에 내밀며 말했다.
"선생님, 저 진짜 열심히 했는데 왜 이렇게 안 나올까요?"
나는 그 순간, 답을 맞히는 과정보다 더 중요한 게 있다는 걸 떠올렸다. 그래서 종이를 밀어내지 않고, 아이 눈을 마주 보며 말했다.
"정말 열심히 했구나. 잘했어. 정말 잘했어. 이번 점수는 숫자일 뿐이야. 하지만 네가 쓴 이 흔적들은 네가 성장하고 있다는 증거야."
그 아이의 눈빛이 조금씩 풀리며 미소가 번지는 걸 나는 아직도 기억한다.
그 순간, 그 아이는 수학 문제의 정답보다 자신이 존중받고 있다는 확신을 배운 것이다.

또 다른 아이는 늘 실수를 반복했다.
계산 실수를 줄이려 해도 잘 되지 않아 스스로를 자책하곤 했다. 나는 매번 실수를 지적하기보다는 이렇게 말했다.
"실수는 네가 포기하지 않고 시도하고 있다는 증거야.
실수를 두려워하지 않는 게 진짜 공부야."

시간이 흘러 그 아이는 대학생이 되어 찾아와 이렇게 말했다.

"선생님, 저는 수학은 다 잊어버렸는데, 실수를 두려워하지 말라는 말씀은 아직도 제 마음에 남아 있어요."

그렇다.

아이들이 남기는 기억은 늘 수학책 속의 공식이 아니다.

내가 어떤 마음으로 바라보았는지,

그 마음이 어떻게 말로 전해졌는지가

그들의 인생 속에 남는다.

결국 가르침이란 문제 풀이의 기술을 넘어,

삶을 대하는 태도와 마음을 전해 주는 일이다.

그래서 나는 오늘도 다짐한다.

수학보다 더 오래 남는 것을 심어 주어야 한다고.

❋ 결국 사람이다

삶의 크고 작은 가르침은

언제나 사람을 통해 온다.

상처를 주는 사람도,

그 상처를 덮어 주는 사람도,

우리를 더 깊고 단단한 곳으로 이끄는 길잡이가 되어 준다.

우리는 어떤 말, 어떤 침묵,

어떤 기다림 속에서 자라고 있다.

그 모든 순간에,

누군가가 있었다.

나는 늘 그 사실을 가르치는 자리에서 확인한다.
문제를 풀어내는 지식보다,
어떤 눈빛과 어떤 말이 오갔는지가
아이들의 마음에 오래 남는다.
그 기억은 결국 사람이 남기는 흔적이다.
돌이켜보면 나 또한 그랬다.
십 대 시절,
서툴고 지친 마음을 감싸 주던 한마디의 격려,
대학 시절,
무심히 흘린 듯했지만 오래 남은 한마디의 충고,
그리고 실패 속에서 나를 묵묵히 기다려 준 침묵.
그 모든 순간마다 사람이 있었다.
그들이 아니었다면 지금의 나는 없었을 것이다.
상처는 사람에게서 왔고,
치유 또한 사람을 통해 찾아왔다.
때론 한 사람의 차가운 말이 내 마음을 오랫동안 무너뜨렸고,
또 다른 한 사람의 따뜻한 말이 그 무너진 마음을 다시 세워 주었다.
그렇기에 나는 알게 되었다.
결국 우리가 배우는 모든 것은,
사람이 남긴 자국 위에 세워져 있다는 것을.

그래서 나는 오늘도 아이들 앞에 서서 스스로 묻는다.
"내가 이 아이의 삶에 어떤 자국을 남길까?"
공식보다 오래가는 건 결국 사람이 주고받은 온기다.
그 온기가 아이의 마음속에 배움의 불씨로 남을 때,
나는 가르침의 본질에 가장 가까이 다가간다.

✱ 이런 말들이 나를 가르쳤다

"너, 잘하고 있어."
"괜찮아. 지금은 배우는 중이야."
"그런 네가 나는 좋아."
"왜 그런 선택을 했는지 들려줄래?"
"네 속도대로 가도 돼."
이 짧은 문장들에서,
나는 수많은 배움의 결을 느꼈다.

짧은 문장이지만, 그 안에는 긴 삶의 울림이 담겨 있었다.
"너, 잘하고 있어."라는 말은 내가 넘어져 있을 때, 다시 일어날 힘을 주었다. 실수와 실패를 스스로 자책하며 움츠려 있을 때, 그 한마디는 내가 무너지지 않도록 붙잡아 주는 작은 기둥이 되었다.
"괜찮아. 지금은 배우는 중이야."라는 말은 서툶이 부끄러움이 아니라는 걸 알려 주었다. 어른이 되어도 우리는 여전히 배우는 존재이고, 배움의 과정은 언제나 서툶과 함께 온다는 걸 깨닫게 해 주었다.

"그런 네가 나는 좋아."라는 말은 있는 그대로의 나를 존중해주는 가장 큰 배움이었다. 잘해야만 사랑받는 것이 아니라, 부족하고 어설퍼도 존중받을 수 있다는 경험은 나를 자유롭게 했다.

또 "왜 그런 선택을 했는지 들려줄래?"라는 물음은 나를 다시 나 자신에게로 데려다주었다. 설명하지 않아도 된다고 여겼던 순간, 누군가가 내 이야기에 귀 기울여 준다는 건, 나를 존중해 주는 깊은 가르침이었다.

그리고 "네 속도대로 가도 돼."라는 말은, 조급함을 내려놓게 하는 큰 배움이었다. 모두가 앞서 달리는 것처럼 보이는 세상에서, 내 걸음을 인정받는 경험은 그 어떤 교과서에서도 배울 수 없는 귀한 가르침이었다.

돌이켜보면, 내게 남은 배움은 언제나 이런 짧은 말들 속에 숨어 있었다. 긴 강의도, 두꺼운 책도 아닌, 따뜻한 말 몇 마디. 그 말들이 나를 살렸고, 다시 걸을 수 있게 했고, 멈추지 않도록 했다.

결국, 사람은 사람의 말 속에서 자란다.

그리고 그 말은 또 다른 사람의 삶 속에서 열매 맺는다.

21-5. 만남이 쌓여 인생의 방향을 만든다

"지금의 나는,

내가 만나온 사람들의 합이다."

가끔 조용한 밤이면, 그렇게 중얼거리게 된다.

스스로의 힘으로 여기까지 왔다고 착각한 순간도 많았다.
하지만 조금만 곱씹어 보면 안다.
내 인생의 중요한 갈림길마다
'누군가의 말'이 방향을 바꾸었고,
'누군가의 시선'이 내 마음을 다시 일으켜 세웠다는 걸.

✽ 실수해도 실망하지 않던 선생님

고등학교 2학년, 나는 수학이 너무 어렵고 두려웠다.
반 평균보다 늘 낮은 점수.
그날도 자신 없게 푼 시험지를 당시 다니고 있던 학원의 수학 선생님 앞에 내밀었다.
그런데 선생님은 고개를 갸웃하며 이렇게 말했다.
"이 문제는… 사실 이렇게 푼 거, 나도 처음 봐."
"틀리긴 했지만, 발상 자체는 흥미롭다."
"넌 생각이 깊은 놈이다."
나는 틀린 답보다
그 말이 더 오래 마음에 남았다.
그날 이후, 나는 수학을 다시 보게 되었다.
내가 틀린 게 아니라,
다른 길을 찾고 있었던 거라고 믿게 되었다.
한 사람의 '믿음 어린 말'이
내 배움의 방향을 바꾸었다.

✱ 말없이 옆에 있어 준 친구

대학 초년생이었던 스무 살 무렵,

인생의 첫 번째 벽에 부딪혔을 때.

나는 내가 너무 부족하게 느껴졌고,

누구에게도 털어놓고 싶지 않았다.

그때, 한 친구가 아무 말 없이 내 옆에 앉아

따뜻한 자판기 커피를 건넸다.

"뭐라도 말해 봐."라는 말조차 없이.

"괜찮아질 거야."라는 위로조차 없이.

그 침묵이, 나를 지켜 주었다.

그날 이후 나는 알게 됐다.

진짜 우정은

문장을 필요로 하지 않는다는 걸.

✱ 내 상처를 덮기보다 바라봐 주던 사람

누구에게도 들키고 싶지 않은 과거가 있다.

한때는 그 기억이 내게 늘 수치처럼 따라다녔다.

그걸 고백했을 때,

당시 내가 출석하던 교회의 청년부 목사님은 이렇게 말했다.

"아, 네가 왜 그렇게 조심스러운지 알겠다."

"그걸 겪은 네가, 더 대단해 보여."

그분은 내 상처를 애써 덮지 않았다.

대신, 그 안에 담긴 나의 연약함을 '이해'해 주었다.
그 따뜻한 이해 하나가
내 자신을 다시 품게 만들었다.
그 만남은, 내가 나를 새롭게 받아들이는 시작이었다.

✱ **결국 더 나은 사람이 된다는 것**
나는 오늘도 사람을 만난다.
아이들을 가르치고,
부모님과 대화하고,
이름 모를 커피숍 사장님과 인사한다.
그 모든 만남 속에서
나는 한 뼘씩 자라난다.
어떤 만남은 오래 기억되고,
어떤 만남은 짧지만 날카롭게 남는다.
우리는 결국,
'사람을 어떻게 대했는가.'로
기억되는 존재다.

✱ **방향은 늘 만남을 따라간다**
돌아보면,
내가 선택한 길의 뒤에는
늘 누군가가 있었다.

내 등을 떠민 한마디,
기다려 준 손길,
무심한 듯 건넨 질문 하나.
그 모든 만남이
내 걸음의 속도를 바꾸었고,
방향을 틀게 했다.
그러니 '배운다.'는 건
단순한 지식 축적이 아니라,
더 좋은 관계를 맺는 사람으로
성장하는 일인지도 모른다.

✽ 그래서 나는 묻는다

"나는 오늘
누군가에게 어떤 사람이었는가."
그 물음이 나를 성장하게 하고,
다음 만남을 더 따뜻하게 만든다.
배움은 결국 '사람'의 얼굴을 하고 있다.
관계는 배움의 씨앗이다.
누군가의 시선 한 줄기, 말 한마디, 태도 하나가
누군가의 인생을 바꿀 수 있다면,
우리 모두는 서로의 '교사'가 될 수 있다.
배움은 머리가 아니라 가슴에서 시작되고,

가슴은 사람을 통해 움직인다.

결국, 진짜 배움은 사람을 통과해 우리에게 온다.

그리고 그 배움은 또다시 다른 사람에게

새로운 씨앗으로 전해진다.

22장
배움은 삶을 닮아간다

어릴 적, 내가 처음 출석하던 작은 교회에 한 분의 청년 선생님이 계셨다.

나보다 열한 살이 많았고, 대학교에 재학 중이셨다.

그 시절 나는, 다른 또래 중학생 남자아이들과 크게 다르지 않았다.

괜히 센 척하며, 인상을 쓰고, 욕을 달고 사는 것이 자연스러운 줄 알았다.

그렇게 거친 말투와 표정을 '어른스러움' 혹은 '멋'이라고 착각하던 시절이었다.

그런데 그 선생님은 달랐다.

그분의 입에서는 단 한 번도 욕설이 나온 적이 없었고, 인상을 찌푸린 모습조차 본 기억이 없다.

항상 웃음을 머금고, 말끝은 부드러웠다.
어떤 상황에서도 화를 내거나 언성을 높이지 않으셨다.
그 모습이 처음엔 낯설었지만, 점점 신기했다.
'저렇게 살 수도 있구나.' 하는 생각이 처음으로 들었던 것이다.
한 번은 이런 일이 있었다.
우리 소그룹에 유난히 장난이 심한 친구가 있었는데, 그날도 말씀 시간 내내 장난만 치고 집중하지 않았다.
그때 처음이자 마지막으로, 선생님께서 그 아이를 단호하게 꾸짖으셨다.
그 순간, 우리는 모두 당연하다는 듯 고개를 끄덕였다.
야단을 맞을 만한 상황이었으니 이상할 것도 없었다.
그런데 그 다음 날, 뜻밖의 장면을 목격하게 됐다.
기도실 옆을 지나는데, 그 선생님이 눈물로 기도하고 계셨다.
귀를 기울여 보니, 전날 그 아이를 야단친 일을 놓고 회개하고 계셨다.
"제가 아이 마음을 상하게 했습니다…. 용서해 주세요…."
내가 그때 느낀 건, 말로 설명하기 어려운 혼란이었다.
나 같으면 당연히 화낼 만한 일인데, 왜 오히려 자신을 돌아보고 눈물로 기도하시는 걸까?
그 장면은 오랫동안 내 마음에서 지워지지 않았다.
그리고 서서히, 아주 서서히 나를 바꾸어 갔다.
쓸데없이 욕을 섞는 말투가 부끄럽게 느껴졌고, 괜히 찌푸리고 다니던 인상이 거슬리기 시작했다.

조금씩, 아주 조금씩 나는 웃는 표정을 연습했고, 말끝을 부드럽게 하려고 애썼다.

물론 완벽하게 변한 것은 아니었지만, 몇 달이 지나자 내 말에서 욕설이 거의 사라졌다.

친구들도 "너 요즘 좀 달라졌다."고 말했다.

그건 단순히 말투의 변화가 아니라, 마음속 기준이 달라진 증거였다.

돌이켜보면, 그것은 '가르침'이라기보다 '삶의 전염'이었다.

그분이 나에게 무언가를 직접 가르친 적은 없다.

다만, 그분이 살아가는 모습을 보며 나는 배웠다.

그 배움은 억지로 머리에 넣는 지식이 아니라, 스며드는 공기처럼 내 안에 들어와 자리를 잡았다.

배움이란, 어쩌면 이렇게 시작되는 것인지 모른다.

누군가의 삶을 선망하고, 그 사람의 말과 행동, 태도를 곁에서 오래 지켜보다 보면 어느새 나도 모르게 닮아간다.

그래서 진짜 배움은 강의실보다 관계 속에서, 교과서보다 사람의 모습 속에서 자란다.

그리고 나는 지금도 종종 생각한다.

현재 ○○교회의 장로님으로 계시는 그때 그 교회 청년 선생님이 아니었다면, 내 말투와 표정, 나아가 사람을 대하는 방식이 지금과는 달랐을지도 모른다고.

그분은 잠깐 내 인생에 스쳐간 사람이었지만, 내 삶 속에 남긴 흔적은 여전히 지워지지 않는다.

배움은 그렇게,
선망하는 누군가의 삶을 닮아가는 과정이다.
그리고 언젠가 나도 누군가에게 그런 사람이 되기를 바란다.
내 말과 행동, 표정 하나가
어떤 아이의 마음속에 긴 시간 동안 남아
그의 삶을 조금 더 부드럽고 따뜻하게 만들기를.

"삶은 말보다 더 오랫동안 깊은 가르침을 준다.
그리고 배움은, 그 기간 동안 그 삶을 닮아가는 일이다."

대학교 시절, 나는 한 선배를 유난히 존경했다.
사실 어느 과인지 몇 학번인지도 잘 기억나지 않는 선배이지만….
우리 과 선배를 통해서 알게 된 그 선배는 특별히 화려한 스펙이 있거나, 말솜씨가 뛰어난 사람은 아니었다.
하지만 그는 사람을 대할 때 늘 같은 온도를 유지했다.
상대가 교수이든, 편의점 아르바이트생이든, 심지어 그에게 불친절하게 군 사람이든,
그의 목소리와 표정은 변하지 않았다.
어느 날 학교 앞 식당,
점심시간이라 식당이 북적였고, 주문이 늦어져서 옆 테이블에서 불만이 터져 나왔다.
"아니, 언제까지 기다리라는 거예요?"

불만을 쏟아낸 손님은 식당 주인에게 날선 말을 쏟아냈다.
그때 내 옆에 앉아 있던 선배가 조용히 자리에서 일어나,
그 테이블에 다가가서 부드럽게 말했다.
"여기 사장님이 오늘 혼자라서요. 저희가 조금 도와드릴게요."
그리고 그는 주방과 홀을 오가며
그 불만 손님에게까지 웃으며 음식을 날라다 주었다.
결국 그 손님도 미안하다며 인사를 하고 나갔다.
나는 그 장면이 오래도록 잊히지 않았다.

누군가를 존경하게 되는 순간이란,
그 사람의 말이 아니라, 삶에서 배어 나오는 행동을 목격했을 때다.
그날 이후, 나는 나도 모르게 목소리를 조금 낮추고,
상황이 불편해질수록 더 차분하게 말하려 노력하게 되었다.
돌아보면, 내 인생에서 큰 변화를 준 배움은
책 속의 이론이나 강의실의 설명이 아니라
내가 닮고 싶은 한 사람을 곁에서 지켜본 경험이었다.
어쩌면 배움이란
지식을 머리에 쌓는 것이 아니라
마음속에 '이렇게 살고 싶다.'는 한 사람의 모습을 새기는 일인지도 모른다.
그리고 시간이 흘러,
그 모습이 조금씩 나의 것이 되어가는 과정이

곧 성장이 아닐까.

돌아보면,
그 교회 선생님과 대학 선배의 공통점은 하나였다.
그들의 삶이, 그들의 말보다 강했다는 것.
그들은 나에게 "이렇게 살아야 한다."고 말한 적이 없었다.
그저 자신의 일상 속에서, 말보다 큰 배움을 보여 주었을 뿐이다.
배움은 선망하는 누군가의 삶을 닮아가는 과정이다.
그리고 그렇게 닮아가다 보면,
언젠가 나도 누군가에게 "그 사람 덕분에"라는 말로 기억되는 날이 올지도 모른다.

23장
배움은 전염된다

나로부터 시작된 변화가 타인에게 번질 때

앞장에서 나는 배움이란, 선망하는 누군가의 삶을 닮아가는 과정이라고 말했다.

그런데 이 닮아감이 꼭 일대일로만 이루어지는 것은 아니다.

누군가의 변화가 또 다른 사람에게, 그리고 또 다른 사람에게 번져나가며

연쇄적으로 퍼져 가는 순간이 있다.

이 현상을 무엇이라 표현해야 할까?

적절한 단어를 찾지 못해 나는 '전염'이라는 말을 쓴다.

마치 바이러스가 퍼지듯,

그러나 해로운 것이 아니라 오히려 삶을 살리는 기운으로 번지는 전염.

오랜 시간 학원을 운영하며 참 많은 학생을 만났다.
그중 오래도록 기억에 남는 한 학생이 있다.
늘 조용했고, 존재감이 크지 않았다.
하지만 그 아이는 매일 정해진 시간보다 10분 먼저 와서
가방을 조용히 내려놓고, 자리에 앉아 문제를 풀었다.
처음엔 아무도 관심을 갖지 않았다.
강의실 앞자리에 앉아 있던 몇몇은 '왜 저렇게까지 하지?' 하는 눈빛을 보냈다.

어느 날, 늘 5분 전에 오던 또 다른 학생이
그날따라 15분 일찍 도착해 문제를 풀고 있었다.
다음 주가 되자 세 명, 그 다음 달에는 절반이,
그리고 몇 달 후에는 거의 모든 학생이
수업 시작 전 미리 와서 조용히 공부하는 풍경이 자연스러운 일상이 되었다.
그 누구도 '우리 다 같이 일찍 오자.'고 약속한 적이 없었다.
나는 그 아이에게 따로 "너 참 잘한다."고 말한 적도 없었다.
그 아이 역시 다른 사람을 바꾸려는 의도가 없었다.
그저 자기가 해야 할 일을 성실하게 반복했을 뿐이다.
그 꾸준함이, 그 진심이, 말없이 공기를 바꿨다.
다른 아이들도 하나둘 따라 하기 시작했고,
결국 그 수업시간에 참여하는 모두 묘한 집중의 분위기가 생겼다.

비슷한 경험은 어른 세계에서도 있었다.
청년부 시절, 교회에서 어느 모임을 하던 날이었다.
참여하는 사람은 많지만, 대부분 느슨하게 움직였고,
시작 시간은 매번 5~10분씩 늦춰졌다.
그러던 어느 날, 한 자매가 항상 20분쯤 전에 먼저 와서
당일 사용할 의자와 장비들을 미리 세팅하고 있었다.
한두 번 보았을 땐 '부지런하네.' 하고 지나쳤지만,
그 모습이 몇 주, 몇 달 지속되자
다른 사람들도 조금씩 변화하기 시작했다.
누군가는 10분 전, 누군가는 15분 전,
그리고 결국 모임 시작 5분 전에는 모든 준비가 끝나고
서로의 안부를 나누는 여유가 생겼다.
그 한 사람의 행동이 공동체의 시간을 바꾼 것이다.

나는 이 경험들을 통해 확신하게 되었다.
배움은 때로 말없이 전염된다.
한 사람의 습관, 태도, 표정이
옆 사람의 마음을 움직이고, 행동을 바꾸고,
결국 전체의 문화를 형성한다.
그 전염의 시작점은 거창한 것이 아니다.
작고 사소한 성실함, 꾸준함, 진심, 배려가
마치 파동처럼 번져나가는 것이다.

그리고 그 파동이 도달한 곳에서
또 다른 전염이 시작된다.
그래서 나는 지금도 믿는다.
내가 오늘 성실하게, 기쁘게, 진심으로 하루를 살아낸다면
그 삶은 생각보다 훨씬 먼 곳까지 번져갈 수 있다는 것을.

배움의 전염은,
결국 사람과 사람 사이를 흐르는 보이지 않는 결이다.
말 한마디 없이도 스며드는 결,
그 안에는 '너도 나처럼 잘해 봐.'라는 강요가 아니라
'나 이렇게 살아갈 테니, 너도 네 방식으로 살아가 보라.'는 조용한 초대가 들어 있다.
이 전염은 강한 자가 약한 자를 끌어올리는 힘이 아니라,
각자가 자신의 속도로 깨어나도록 돕는 미묘한 진동이다.
그래서 억지로 가르치려 들 때는 나타나지 않지만,
누군가의 삶이 진실하고 일관될 때
그 파동은 멀리, 그리고 깊이 번져 간다.
우리가 오늘 행한 작은 선택 하나,
그 꾸준한 발걸음 하나가
어쩌면 먼 도시의, 얼굴조차 모르는 누군가의 삶에
잔물결처럼 닿을 수 있다.
그것이 배움의 전염이 가진 경이로움이다.

그러니 두려워 말고, 과소평가하지 말자.

오늘 내가 묵묵히 쌓아 올린 하루가

언젠가 누군가의 마음을 열고,

또 다른 파동이 되어 세상을 부드럽게 바꿀지 누가 알겠는가.

24장
배움은 상처 위에 핀다

아픔을 지나며 자라나는 내면의 힘

살아가다 보면 누구나 한 번쯤은 그런 생각을 한다.
"왜 그때 그런 선택을 했을까."
"그때 그 말을 하지 말았어야 했는데."
"그때 좀 더 열심히 했더라면."
이런 후회는 마음속에 고요한 파문을 남긴다.
그리고 그 파문은 자주, 조용한 깨달음으로 이어진다.
상처는 아프지만, 그 자리는 생각보다 비옥하다.
그곳에 배움이 자라난다.

나는 대학 시절, 무엇 하나 열심히 하지 못했다.
원하던 학교에 떨어지고, 마지못해 들어간 학교는 흥미를 주지 않았다.

강의는 무의미했고, 인간관계는 피상적이었으며,
그저 시간이 흘러가기만을 바랐다.
지금 돌아보면 그 시기는
'의욕이 없었던 시간'이 아니라
'내가 무엇을 원하는지 몰랐던 시간'이었다.
그 시절의 공허함, 무기력함,
그리고 나 자신을 탓하는 긴 후회의 그림자가
결국 지금의 나를 만들었다.
그 시간을 지나온 덕분에,
나는 오늘 누군가의 '무기력한 시기'를 알아보고
쉽게 단정하지 않게 되었다.

한 번은 부모의 이혼을 겪은 아이가 학원에 들어왔다.
처음엔 말도 거의 없었고, 문제를 풀다가 중간에 나가 버리기도 했다.
나는 어떤 조언도 하지 않았다.
그저 매일, 그 아이가 앉을 자리에 메모를 남겼다.
"오늘도 잘 왔구나."
"넌, 충분히 잘하고 있어."
몇 주 뒤, 그 아이는 내게 처음으로 질문을 했다.
"선생님, 이건 왜 이렇게 되는 거예요?"
그 질문 하나가 내게는 울컥한 감동이었다.
그 아이는 상처를 딛고, 다시 배우는 자리로 나아오고 있었다.

상처는 그 자체로 끝이 아니다.
다만, 회복을 위한 시간을 요할 뿐이다.

어느 날, 50대 중반의 한 학부모가 내게 말했다.
"이 나이에 제가 다시 뭔가를 배우게 될 줄은 몰랐어요."
그 분은 자녀의 문제로 상담을 받으러 왔다가,
자신의 상처받은 내면을 마주하게 되었고,
결국 자녀와 함께 심리상담을 받으며
스스로의 성장도 경험하고 있었다.
"전 늘 제 아이만 고치고 싶었거든요.
근데 알고 보니, 제가 먼저 배우고 달라져야 하더라고요."
그 고백은 진심이었다.
그리고 나는 깨달았다.
배움은 나이가 드는 것으로 멈추지 않는다.
상처가 있는 한, 우리는 언제든 새로 자랄 수 있다.

존 듀이는 "경험은 반드시 반성적 과정을 거칠 때 교육이 된다."고 했다.
그 말처럼, 우리는 상처를 단지 고통으로만 남기지 않고,
거기서 배움으로 전환시킬 수 있다.

배움이란 곧,

상처를 이해하고,

과거를 다른 눈으로 바라보고,

그 시간들을 다시 '내가 살아낸 의미'로 바꾸는 작업이다.

인생에서 상처나 노력의 고통, 어려움이 없는 배움은 없지 않을까.

그러나 상처만 있는 인생도 없다.

우리는 언제나 그 위에 뭔가를 자라게 할 수 있다.

그것이 교육이고, 성장이다.

상처가 배움이 될 때, 삶은 달라진다.

상처는 단순히 아픈 기억이 아니다.

그 자리를 돌아보는 순간,

그 자리를 이해하게 되는 순간,

우리는 다시 배우기 시작한다.

그리고 그 배움은 우리를 더 깊은 사람으로 만든다.

더 부드럽고, 더 인내심 있고, 더 온전한 사람으로.

상처는 삶의 실패가 아니라,

배움의 출발점이 될 수 있다.

그렇게, 우리는 어제보다 조금 더 나은 내가 되어 간다.

25장
배움은 반복된다

**익숙함 속에서 발견하는 새로운 가능성
같은 길을 걸으며, 다른 눈으로 바라볼 수 있는 용기**

20년 넘게 수학을 가르치면서 같은 문제를 수십 번, 수백 번 설명했다. 나로서는 똑같은 방식, 똑같은 예시, 똑같은 흐름이라 생각했다.

그런데 어느 날, 한 아이가 말했다.

"선생님, 오늘은 설명이 전보다 훨씬 쉬웠어요."

나는 똑같이 설명했다고 생각했지만, 아이는 다르게 느꼈다. 그런데 가만히 돌아보니, '같다.'고 생각했던 그 설명 속에 나는 아이들의 표정과 반응에 따라 조금씩 달라지고 있었다.

나는 조금씩 설명의 깊이를 조절하고 있었고,

말투가 부드러워지고, 예시가 생활과 가까워지고,

비유가 더 단순해지고, 손짓이 달라지고 있었다.

반복은 고정된 루틴이 아니라,

조금씩 미세하게 변화를 만들어내는 성장의 삶의 궤도다.

매일 반복되는 삶은 때때로 지루하다.
아침에 일어나 커튼을 젖히고, 같은 길로 출근하고,
같은 자리에서 커피를 마시고, 같은 서류를 처리한다.
어제와 오늘을 나란히 놓으면,
복사한 듯 겹쳐지는 하루들 속에서
'이게 무슨 의미가 있을까.' 싶은 순간도 찾아온다.
그러나 반복은 단지 지루함의 반복이 아니다.
그 속을 자세히 들여다보면 전혀 같지 않다.
같은 출근길에도 날씨는 매일 다르고,
길가의 꽃은 조금씩 피고 지고,
사람들의 표정은 미묘하게 변한다.
익숙하다고 생각한 풍경도
마음의 각도가 달라지면 새롭게 다가온다.
반복은 그 안에서 깊이를 더하는 훈련이자,
익숙함 속에서 새로운 것을 발견하는 능력을 키울 수 있는 기회다.

어느 날, 수학 수업 중 한 아이가 물었다.
"선생님, 이 공식이 왜 이렇게 돼요?"
처음엔 차분히 설명했다.
두 번째엔 그림을 그려서 보여 주었다.

세 번째엔 생활 속 예시를 들어 이야기했다.

네 번째, 다섯 번째… 열 번째가 넘자,

속으로 '또 이 질문이구나.' 하는 짜증이 밀려왔다.

그런데 어느 순간 깨달았다.

이건 단순한 반복이 아니었다.

"이 아이는 지금, 외우고 있는 게 아니라 이해하려고 애쓰고 있는 거구나."

그날 이후, 나는 그 질문을 '반복'으로 보지 않았다.

그건, 질문 속에서 조금씩 자라고 있는 아이의 '성장 경로'였던 것이다.

그날 이후, 나는 그 질문을 다르게 보기 시작했다.

같은 질문이라도,

아이의 눈빛과 말투 속에서

'조금 더 알아가고 싶은 간절함'을 읽게 되었고,

그 덕에 나 역시 설명하는 방식이 조금씩 달라졌다.

조금 더 천천히, 조금 더 깊이, 조금 더 아이의 언어로.

반복은 성장의 틀이다.

커피 한 잔을 매일 마셔도,

어느 날은 그 온도에 감탄하고,

어느 날은 향기에 위로받는다.

같은 책을 다시 읽어도

이번에는 전혀 다른 문장이 가슴에 남는다.
매번 같은 노래를 들어도
어느 날은 가사가, 어느 날은 멜로디가,
어느 날은 그 침묵이 마음을 울린다.
반복 속에 숨은 작은 변화들은,
우리가 무심히 흘려보내지만,
그 모든 순간이 모여 깊이를 만든다.
배움도 그렇다.
같은 것을 반복하더라도,
그것을 보는 '시선'이 달라질 때
우리는 비로소 새로운 걸 배우게 된다.

배움은 반복을 견디는 이에게 주어지는 선물이다.
인생은 끝없는 반복의 연속이다.
그러나 그 반복 속에서 질문을 멈추지 않고,
의미를 포기하지 않으며,
성장을 기다리는 사람은 결국 어느 날 달라져 있다.
배움은 특별한 사건보다,
반복되는 날들 속에서 자주 피어난다.

오늘도 같은 길을 걷는 당신.
그 길 위에 어제와는 조금 다른 시선을 얹어 보자.

바람의 결이 다르게 느껴지고,
사람들의 발걸음이 다르게 들리고,
내 마음이 어제보다 조금 더 넓어졌음을 알게 될지도 모른다.
그것만으로도 우리는 배우고 있는 것이다.

26장
배움은 방향을 묻는 일이다

"당신이 무엇을 하느냐보다 왜 그것을 하느냐가 더 중요하다."

— 존 메이슨

학원을 운영하며 수많은 아이들과 마주한다.

오늘도 나는 누군가에게 수학을 가르친다.

함수와 미분, 확률과 통계를 설명하며 지식을 쌓아 올리는 이 시간이, 때로는 무의미하게 느껴질 때가 있다.

아이들이 나를 향해 묻는다.

"이걸 왜 배워야 해요?"

그 질문에 정답을 주듯 설명해 보지만,

그 말을 내뱉는 순간 나조차 스스로를 향해 묻고 있다.

"그래, 나는 왜 이것을 가르치고 있을까. 이 배움이 이 아이들을 어디로 데려가는가?"

우리는 어릴 때부터 늘 '무엇을' 배워야 하는지를 강요받는다.

더 빠르게, 더 많이, 더 앞서서.

하지만 정작 그 배움이 무엇을 위한 것인지, 어디로 이끄는 것인지는 충분히 묻지 않는다.

그래서 방향을 잃고 헤맨다.

속도는 점점 빨라지는데, 길을 잘못 들어섰다는 생각은 누구도 하지 않는다.

언젠가 내가 가르쳤던 한 아이는 수학을 잘했다. 문제를 푸는 속도도 빨랐고, 이해력도 뛰어났다. 하지만 이상하게도 그 아이의 눈빛은 늘 공허했다. 어느 날 조심스레 물었다.

"넌 왜 수학을 그렇게 열심히 하니?"

잠시 머뭇거리던 그 아이는 이렇게 말했다.

"그냥… 잘해야 하니까요. 그래야 좋은 대학 가고, 그래야 부모님이 기뻐하시고…."

나는 그날, 오래도록 그 말이 가슴에서 떠나지 않았다.

그 아이의 배움엔 '자신의 방향'이 없었다.

누군가가 정해놓은 길, '잘하는 것'이라는 평가만이 있었을 뿐.

그날 이후 나는 아이들과 함께 공부를 시작하기 전에 한 가지를 더 묻기 시작했다.

"이걸 배워서 너는 어디로 가고, 뭘 하고 싶니?"

그 질문에 당황하는 아이들도 많다.

하지만 시간이 지나면, 아이들은 조금씩 자기만의 이유를 찾는다.

요즘 아이들은 너무 바쁘다.

눈앞의 시험, 내신, 입시, 진로.

어른도 마찬가지다. 승진, 실적, 성과.

모두들 속도를 높인다. 다시금 묻는다.

"그렇게 달려서, 지금 어디로 가고 있니?"

속도가 인생을 결정하지 않는다.

방향이 삶을 만든다.

그래서 나는 오늘도 배움을 묻는다.

무엇을 배우는가보다, 왜 배우는가.

이 질문은 배움의 본질을 향하게 한다.

그리고 그 질문은, 결국 나 자신을 향하게 한다.

"나는 왜 배우는가?"

이 질문은 단순히 지식의 욕구를 확인하는 것이 아니다.

그 속에는 '나는 왜 이렇게 살아가고 있는가?'라는, 더 근본적이고 무거운 물음이 숨어 있다.

우리가 배운다고 할 때, 흔히 떠올리는 것은 무언가를 채우는 것이다.

머릿속에 새로운 정보가 들어오고, 기술이 하나 더 늘고, 손에 쥔 성과가 눈앞에 보이는 것.

  그것도 물론 배움이다.

  하지만 시간이 흐를수록 나는 깨닫는다.

  배움의 본질은 채움보다 방향을 잡는 일에 가깝다는 것을.

  나는 누구인지,

  나는 어디로 가고 있는지,

  그리고 무엇을 위해 살아가는지를

  묻고 또 묻는 과정이 바로 배움이다.

  우리는 종종 '더 많이 알기'에 집착한다.

  더 많은 지식, 더 많은 자격증, 더 많은 경험.

  하지만 그 모든 것이 쌓였는데도 방향이 어긋나 있다면, 그 배움은 오히려 우리를 더 멀리 데려다놓는다.

  길 위에서 가장 두려운 것은 '모르는 것'이 아니라, '잘못된 방향으로 빠르게 달리고 있는 것'이다.

  가장 의미 있는 배움은 새로운 것을 습득하는 순간이 아니라, 내가 잘못된 길에 들어섰음을 깨닫는 순간에 온다.

  그 깨달음이 오면 우리는 발걸음을 멈추고, 돌아보고, 다시 길을 잡는다.

  그때부터 진짜 배움이 시작된다.

  나는 수학을 가르치며 아이들에게 종종 이렇게 말한다.

  "정답을 찾는 것도 중요하지만, 지금 풀고 있는 문제를 왜 풀어야 하는지, 무엇을 위해서인지 그 이유도 생각해야 한다."

살아보니, 이 말은 단지 수학 문제에만 해당되는 것이 아니었다.
우리 인생도 마찬가지다.
무엇을 더 알기보다, 왜 그것을 하는지가 분명해질 때
비로소 우리는 더 깊고, 더 먼 길을 걸을 수 있다.
어쩌면 배움은 방향을 가리키는 나침반 같은 것이다.
지식과 기술은 배낭 속의 물병과 식량이고, 배움이 주는 진짜 선물은 "이 길이 맞다."는 확신이다.
그리고 그 확신은 단번에 오는 것이 아니라, 수많은 물음과 멈춤, 되돌아감과 다시 걷기를 거쳐 우리 안에 자리 잡는다.

그래서 나는 오늘도 배운다.
더 알기 위해서가 아니라, 더 바르게 가기 위해서.
더 채우기 위해서가 아니라, 더 분명해지기 위해서.
길 위에서 나는 여전히 묻는다.
"나는 왜 배우는가?"
그 물음은 마치 새벽의 첫 빛처럼,
나의 하루를 조금씩 밝혀 주고 발걸음을 잃지 않게 붙잡아 준다.
그리고 나는 안다.
배움은 결국,
내가 걸어온 길과 앞으로 걸어갈 길을 하나의 선으로 이어주는 보이지 않는 실이라는 것을.

배움은 거창한 사건에서만 오는 것이 아니다.
그것은 매일의 숨결 속,
작은 선택과 사소한 깨달음 속에서
조용히, 그러나 깊게 자란다.
책상 위의 한 줄 문장,
아이의 느린 질문,
길가에 피어난 이름 모를 꽃,
버스 창밖으로 스치는 계절의 빛깔.
이 모든 것이 나를 조금씩 다른 방향으로 이끈다.

살다 보면 우리는 종종 멈춘다.
길을 잘못 들어섰음을 깨달을 때,
혹은 너무 오래 같은 자리에 머물렀음을 느낄 때.
그 순간이 바로 새로운 배움의 문턱이다.
다시 발을 떼기 위해,
나는 내가 왜 이 길을 걷는지부터 묻는다.

어느 날, 지쳐 보이던 아이에게
조용히 따뜻한 커피 한 잔을 건넸다.
"공부도 좋지만, 잠깐 쉬자.
네가 진짜 원하는 게 뭔지, 그거부터 찾아야 해."
우리는 아무 말 없이 커피를 마셨다.

그 고요한 시간 속에서,
그 아이는 처음으로 자신의 꿈을 이야기했고
나는 그 아이의 마음을 배웠다.

배움은 때때로 멈춰 서는 용기 속에서 시작된다.
그 순간이 방향을 묻는 시간이기 때문이다.
그래서 나는 오늘도,
누군가의 삶에 한 잔의 커피를 권한다.
그 커피 한 잔이
누군가의 굳은 어깨를 풀어 주고,
닫힌 마음에 창을 열어 주며,
배움의 방향을 다시 찾게 하는
따뜻한 질문이 되기를 바란다.

오늘도 나는 당신의 삶에 한 잔의 커피를 권한다.
그 향과 온기가 당신의 하루에,
배움이라는 빛을 다시 켜 주기를 소망하며.

27장
배움은 본질로 향하는 길이다

'더 많이'보다 '더 깊이' 배우는 사람으로 살아가기

어릴 적 나는 '배우는 것 = 쌓는 것'이라 믿었다.

지식을 쌓고, 스펙을 쌓고, 책장을 넘기며 단어 하나하나를 머릿속에 저장하는 것이 '배운다.'는 의미라고 생각했다.

하지만 나이가 들고, 삶의 무게를 조금씩 알아가면서

배움은 반드시 쌓는 것만은 아니라는 걸 알게 되었다.

오히려 어떤 배움은 덜어내고, 멈추고, 돌아보는 과정에서 시작되기도 한다.

그것은 똑같은 일을 반복하면서도, 조금씩 더 깊은 층으로 내려가는 나를 향한 여정이기도 하다.

커피를 좋아하고 즐기는 분들은 종종 이런 말들을 한다.

"늘 같은 원두를 써도 커피는 날마다 다르다.
같은 맛이 반복되는 것 같다가도,
어느 날은 유난히 깊고 부드럽다."

어느 커피 전문가가 이렇게 말한 것이 생각난다.
"커피는요, 정직하거든요. 내가 오늘 어떤 마음인지, 그게 다 커피에 묻어나요."
나는 그 말들을 곱씹는다.
배움도 그렇다.
같은 일을 반복하지만, 내가 어떤 마음으로 하느냐에 따라 깊이가 달라진다.

어릴 적부터 오래 알고 지낸 교회친구가 있다.
함께 밥을 먹고, 얘기를 나누고, 여행도 다녔다.
하지만 20년쯤 지나 어느 날,
그 친구의 고백을 듣고서야
나는 그 친구를 처음으로 '이해한 것 같은' 기분이 들었다.
배움은 그렇게 느리게 찾아오기도 한다.
오래 머물며,
수없이 같은 얼굴을 보고도
어느 날 문득 "아, 저 사람이 이래서 그랬구나." 하고 다가오는 것.

배움은 결국,

나를 더 똑똑하게 만들기보다

나를 더 솔직하고, 생각이 깊은 사람으로 다듬어 간다.

사람을 대하는 태도에서,

관계를 끌어안는 방식에서,

선택의 순간마다,

나는 조금씩 더 '나다운 방식'으로 배우고,

더 깊고 본질적인 나로 다가가고 있다.

그 여정은 점점 덜 복잡해지고, 더 단순해진다.

과거엔 수없이 많은 조건을 따졌지만

지금은 단 한 가지 '이것이 정말 내게 소중한 것인가?'를 묻는 쪽으로 바뀌었다.

친구들과의 대화도,

혼자 있는 시간도,

실패했던 순간도,

모두 다 깊이의 재료가 되어 준다.

배움은 결국,

깊은 사람이 되게 한다.

남을 가르칠 수 있는 사람이 아니라,

타인의 말을 깊이 들을 수 있는 사람.

아는 척하는 사람이 아니라,

모른다는 것을 함께 견딜 수 있는 사람.

나는 오늘도 당신의 삶에 한 잔의 커피를 권한다.
그 커피의 온기 속에서
당신이 당신의 본질에 조금 더 가까워지기를 바란다.
배움은 어디 멀리 있는 것이 아니다.
지금 이 순간,
당신의 말투와 눈빛과 숨결 속에서
당신을 더 닮은 배움이 천천히 자라고 있다.

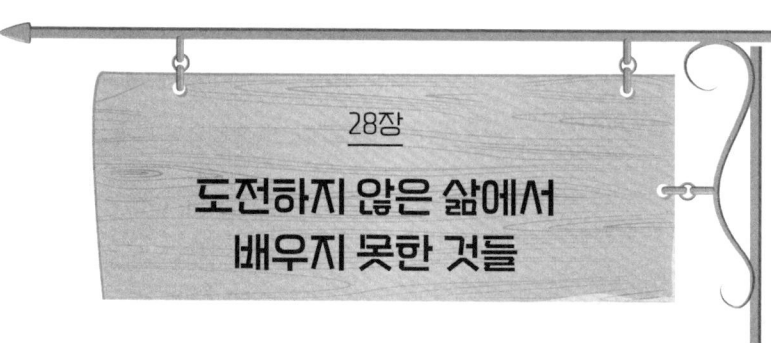

28장
도전하지 않은 삶에서 배우지 못한 것들

"당신은 지금까지 무엇을 후회하나요?"
누군가 묻는다면,
나는 대답할 것이다.
"인생을 돌아보면 많은 후회가 있지만 특히 더 그런 것은
내가 한 일보다 오히려 내가 하지 않은 일이,
내가 이런 저런 망설임 속에
아예 시도조차 하지 않은 순간들.
그것이 더 오래, 더 깊게 후회로 남아 있습니다."

겁 많고 모든 것에 무지했던 젊은 날의 나는 안전한 길을 고르려 했다.

부끄럽게도 "혹시 실패하면 어쩌지?"라는 두려움이 늘 나를 붙잡았다. 그래서 도전하기보다는 머뭇거렸고, 머뭇거리는 사이 기회는 흘러가곤 했다.

대학 시절이었다.
기타 치며 노래 부르기를 좋아했고, 교회에서 중고등학교 때부터 찬양단과 성가대를 했던 나는, 친구들이 권해 주었던 작은 공연의 무대에 설 기회가 있었다.
하지만 나는 끝내 그 무대를 포기했다.
사람들 앞에서 목소리가 떨릴까, 틀릴까, 웃음거리가 될까 두려웠다.
그래서 시도조차 하지 않았다.
그 후 오랫동안, 무대를 바라볼 때마다
'그때 내가 그 공연에 섰더라면 어땠을까?'
하는 아쉬움이 그림자처럼 따라다녔다.
그 경험을 통해 배울 수 있었을 용기,
그리고 사람들과의 따뜻한 교감은 끝내 나의 것이 되지 못했다.
더 나아가 '내 인생의 방향이 완전히 바뀌었을지도…….'
현재 인지도 있는 가수로 20년 이상 활동하는 친구를 볼 때마다 이런 생각을 하곤 한다.

아이들을 가르치며 이런 깨달음은 더 선명해졌다.
가끔 학생들이 말한다.

"선생님, 저 이 문제 틀릴까 봐 못 풀겠어요."
그때 나는 웃으며 말한다.
"틀려도 괜찮아. 안 푸는 게 더 큰 실수야."
그러나 사실 나는 그 말을 누구보다 나 자신에게 하고 싶다.
내가 걸어오며 수없이 놓쳐온 도전들,
그 안에서 배우지 못한 것들이 있었음을 알기 때문이다.

살다 보면 사람들은 흔히 실패한 일을 후회한다고 말한다.
하지만 깊이 들여다보면, 우리가 가장 후회하는 것은 실패 자체가 아니다.
시도조차 하지 않은 시간,
그 안에서 배우지 못한 교훈,
만나지 못한 사람들,
열리지 못한 가능성들.
그것이 우리를 가장 오래 붙잡는다.

이제 조금씩 다르게 살아 보는 건 어떤가?
큰 도전이 아니어도 좋다.
새로운 책 한 권을 집어 드는 것,
낯선 길로 걸어가 보는 것,
한 번도 해 보지 않았던 대화의 주제를 꺼내 보는 것.
그런 작은 도전 속에서 우리는 또 다른 배움을 얻는다.

우리는 모두 두려움과 함께 산다.
실패할까 봐, 상처받을까 봐,
사람들의 시선을 의식하며 움츠러든다.
나는 젊은 시절,
원하는 길 앞에서 몇 번이나 멈췄다.
'괜찮겠지.', '다음에 하자.'는 말로
그리고 지금은 때가 아니라는 핑계로
도전을 미뤘다.
그때마다 놓친 것들이 있다.
스스로에게 말한다.
"왜 그때 한 걸음을 내디디지 않았을까?"

도전하지 않은 삶은
배움의 기회를 스스로 차단하는 것이다.
한 친구가 말했다.
"나는 여행을 많이 다니면서, 실수도 많이 했어.
하지만 그 실수가 나를 키웠어."
이 말은 참 많은 생각을 하게 한다.
실패와 상처, 낯선 경험 속에서만 배울 수 있는 것들이 있다.
안전한 자리에서 바라보기만 하면 결코 배울 수 없는 것들.
내게도 그런 순간이 있었다.
아무도 모르게 내 안에 숨겨둔 두려움 때문에

손을 놓아 버린 일들.

그 일들은 늘 마음 한구석에서

'한 번만 더 기회를 줬더라면' 하는 아쉬움으로 남았다.

그 아쉬움은 도전하지 않는 것에 대한 가장 큰 배움이었다.

"다음에는 두려워하지 말자."

"멈추지 말자."

그 배움이 내 안에서 그렇게 스스로 다짐하게 만든다.

도전하지 않는다고 해서 삶이 멈추는 것은 아니다.

하지만 도전하는 삶은 나에게 끊임없이 말을 건다.

"넌 할 수 있어."

"실패해도 괜찮아."

"그 경험은 결국 너를 더 깊게 만들어."

그 말은 결국 내가 나를 사랑하는 법을 배우게 한다.

매일 아침 한 걸음,

누군가에게 미소 짓는 일,

조금 다른 길로 걷는 일…….

이런 작은 도전들이 모여 조금씩 더 나를 완성해간다.

지금 무언가를 놓고 할지 말지 두려움에 고민하는 이가 있다면 이렇게 말해 주고 싶다.

"도전해 봐, 두려워하지 마. 실패해도 괜찮아. 그럼 또 다른 길이 있을 거야."

"안 하고서 후회하는 것보다, 해 보고 실패하는 게 더 큰 배움이 될 거야."

후회가 없는 인생은 없지만, 배움은 도전을 시작하는 그 때부터 시작된다.

도전은 언제나 결과를 보장해 주지 않는다.
그러나 도전하지 않는 삶은, 배움조차 허락하지 않는다.
오늘 내가 배우는 것들 대부분은
넘어지고, 부끄러워하고, 실패했던 순간들에서 비롯되었다.
그러니 이제 나는 묻고 싶다.
"당신은 오늘 무엇을 도전하고 있나요?"
그 질문에 선뜻 대답할 수 있다면,
우리는 이미 배우는 삶을 살고 있는 것이다.

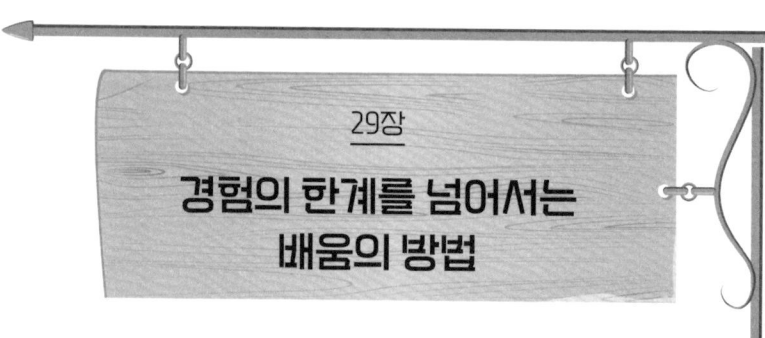

29장
경험의 한계를 넘어서는 배움의 방법

 이 책을 읽고 있는 여러분에게 "책을 읽으라."는 말은 아마 진부하게 들릴 것이다. 우리는 독서가 삶을 바꾸는 힘을 가지고 있다는 사실을 알면서도, 바쁜 일상 속에서 책장을 넘기기란 쉽지 않다. 그럼에도 나는 여전히 책과 배움에 대해 이야기하려 한다. 왜냐하면 그것이 내가 경험의 한계를 넘어서는 길이었고, 또 지금도 여전히 그렇기 때문이다.

 돌아보면 학창 시절의 나는 책을 많이 읽는 학생은 아니었다. 교과서나 참고서, 그리고 수능에 도움이 된다는 필독서 정도가 전부였다. 국어 시험에 나올 수 있는 문학 작품은 억지로 읽었지만, 나머지 책은 시험과 무관하다고 생각했다.

대학에 들어가서도 상황은 크게 달라지지 않았다. 전공 원서와 해석본, 두꺼운 참고서적, 선배들이 물려준 족보가 전부였다. 핑계일 수 있지만 남는 시간에는 놀고, 여행하고, 대학생활을 즐기느라 따로 책을 읽을 이유가 없었다.

하지만 시간이 지나 사회인이 되고, 나이가 서른을 넘어가면서 조금씩 달라졌다.

누군가의 권유로 읽기 시작한 자기계발서 한 권이 내 삶의 태도를 바꾸었고, 우연히 집어 든 역사책 속 한 장면이 지금까지 살아가는 방식에 큰 울림을 주었다.

십대 시절 유일하게 여러 번 읽은 책은 소설가 정비석 님이 평역한 6권짜리 《삼국지》였다. 사실 나는 독서를 좋아해서 읽었다기보다, '삼국지'라는 시뮬레이션 게임을 잘하기 위해 책을 파고들었다. 미친 듯이 여덟 번이나 완독하면서, 등장인물 백여 명의 일화와 특징, 전술과 계략을 줄줄 말할 수 있을 정도였다.

그때는 단순히 게임을 잘 하고 싶다는 마음뿐이었지만, 세월이 흐르며 그 독서가 내 안에 얼마나 많은 씨앗을 심어 두었는지 깨닫는다. 유비의 끝없는 인내, 관우의 신의, 장비의 거침없는 성격과 인간적인 허점, 제갈량의 지략과 고독… 그 모든 인물들이 내 안에서 삶의 모델이 되어 말을 걸어 왔다.

아이들을 가르치며 마주하는 순간마다, 삼국지 속 장면들이 떠올랐다.

예를 들어, 공부에 늘 뒤처지던 아이가 꿋꿋이 포기하지 않고 묵묵히 노력하는 모습을 볼 때면 유비의 인내가 겹쳐졌다. 때로는 약삭빠른 아이가 친구들을 자기 이익에 맞게 움직일 때면 조조의 정치적 기지가 떠올랐다. 또 어떤 아이가 싸움에 휘말렸으면서도 끝까지 친구의 편을 들어 주는 걸 보며, 관우의 충직함을 떠올렸다.

나는 상담을 할 때에도 제갈량을 생각하곤 한다.

그가 늘 지혜를 발휘했지만, 동시에 고독한 길을 걸었다는 사실. 사람들은 그의 지략만 기억하지만, 그가 홀로 짊어진 책임의 무게는 아무도 대신해 줄 수 없었다.

간혹 상담 중에 내 앞에 앉아 울음을 터뜨리는 학생이나 학부모를 바라볼 때마다 그 책임의 무게가 느껴진다. 그럴 때면, 제갈량처럼 조용히 상대방의 이야기를 끝까지 들어 주고, 서둘러 해결책을 제시하기보다 시간을 함께 버텨 내는 것이 진짜 지혜라는 것을 배운다.

삼국지를 읽으며 얻은 또 하나의 교훈은 '결국 모든 사람은 완전하지 않다.'는 사실이었다. 장비는 용맹했지만 쉽게 분노했고, 관우는 의로웠지만 자존심 때문에 무너졌다. 심지어 유비조차도 때로는 지나친 온정으로 나라를 위기에 빠뜨렸다. 나는 이 인물들을 통해 완벽한 사람은 없다는 사실을 일찍이 배웠고, 지금도 아이들을 지도하며 그 점을 떠올린다. 완벽하지 않기에 우리는 서로를 필요로 하고, 실수를 통해서만 배울 수 있다는 사실을, 그 오래된 고전이 이미 가르쳐주고 있었던 것이다.

그런데 흥미로운 것은, 이런 배움이 단지 고전 속에서만 머물지 않는다는 점이다.

나는 최근에 아이들과 유튜브에서 짧은 다큐멘터리를 함께 본 적이 있다. 거기에는 전쟁터에서 자신의 목숨을 걸고 동료를 구해낸 한 병사의 이야기가 담겨 있었다. 화면을 보며 아이들이 눈시울을 붉히는 순간, 나는 관우의 충직함이 떠올랐다. 시대와 배경은 다르지만, '의리'와 '헌신'이라는 가치는 여전히 사람들의 마음을 움직이는 힘이 된다.

또 다른 날에는 인기 드라마 속 인물의 선택을 함께 이야기한 적이 있다.

한 주인공이 끝내 자신의 명예를 지키기 위해 고난을 택하는 장면이었는데, 학생 한 명이 이렇게 말했다.

"선생님, 저 사람은 왜 굳이 힘든 길을 선택할까요?"

그때 나는 삼국지의 제갈량을 떠올리며 대답했다.

"때때로 사람은 이익보다 더 중요한 것을 위해 살기도 해. 책임과 의무 같은 것 말이야. 제갈량도 그랬지."

아이들은 고개를 끄덕였다.

나는 책에서 얻은 배움이 영상 콘텐츠, 영화, 심지어 게임 속 이야기와도 맞닿아 있음을 자주 느낀다. 어린 시절 게임 때문에 삼국지를 읽었던 경험은 결국 내 안에 살아 있는 지혜가 되었고, 지금은 그 지혜가 다양한 현대 콘텐츠와 만나며 더 깊어지고 있다. 어떤 배움이든, 그것이 책이든, 영상이든, 혹은 사람과의 대화이든, 결국 중요한 것은 '그 속에서 무엇을 발견하느냐?'이다.

돌이켜보면, 나는 단순히 게임을 잘하기 위해 읽었던 책이지만, 그것은 나의 삶과 연결된 배움의 통로였다. 독서는 언제나 그렇게 우리의 삶 깊은 곳에 씨앗을 남겨 두고, 때가 되면 싹을 틔운다. 그 씨앗은 우리가 전혀 예상치 못한 순간, 누군가의 인내를 바라볼 때, 충직한 마음을 만날 때, 지혜로운 침묵이 필요할 때 불쑥 자라나 삶의 길을 비춰 준다.

그리고, 지금은 온라인 콘텐츠와 드라마, 영화 속에서도 같은 주제를 발견하며 다시금 배운다. 배움은 시대와 형식을 가리지 않고, 준비된 마음에 늘 새로운 길을 열어 준다.

학습은 인간의 본능이다.
우리는 끊임없이 세상을 이해하고 성장하기 위해 지식을 탐구한다.
전통적으로 '독서'는 이러한 학습의 대표주자로 여겨져 왔다. 그러나 스마트폰과 인터넷이 일상이 된 오늘날, 유튜브, SNS와 같은 디지털 플랫폼이 새로운 차원의 학습 도구로 자리 잡았다. 이들은 단순한 오락 수단을 넘어, 누구나 언제 어디서나 지식을 습득하고 공유할 수 있는 살아 있는 교실이 되었다.

디지털 시대는 학습의 패러다임을 완전히 바꿔 놓았다.

책은 여전히 깊이 있는 사색의 동반자이지만, 유튜브와 SNS는 즉각적이고 상호작용적인 경험을 제공한다.

중요한 것은 매체의 장점을 조합하는 지혜다.

예를 들어, 유튜브 강의로 개념을 익힌 뒤 관련 서적을 찾아 심화하는 식으로 말이다. 이제 학습은 더 이상 '책을 펴는 행위'에만 국한되지 않는다. 화면 속 영상과 그 정보를 배움으로 우리는 새로운 세계를 발견하고 성장할 수 있다. 지식의 바다는 넓어졌고, 그 파도는 우리 손안의 스마트폰에서 쉼 없이 밀려온다.

유튜브는 '움직이는 교과서'라 해도 과언이 아니다.

과학, 역사, 생물학, 경제학 등 복잡한 주제를 강의 하거나 교육하는 수많은 채널들은 애니메이션과 재치 있는 해설, 너무나 훌륭한 CG 등을 이용하여 내용을 풀어낸다. 시청자는 단순히 텍스트를 읽는 것보다 시각적 자극과 강사의 열정을 통해 더 깊은 이해를 얻는다.

또한 TED—Ed 영상은 철학부터 기술 혁신까지 다양한 분야의 아이디어를 10분 내외로 압축해 전달하며, 댓글 섹션에서 전 세계 학습자들과 토론할 기회를 제공한다.

더 나아가, 특정 분야의 현장 전문가들이 실시간으로 지식을 공유하는 라이브 스트리밍도 주목할 만하다. 요리 유튜버가 레시피를 단계별로 보여 주거나, 개발자가 코딩 과정을 생중계하는 모습은 마치 개인 교습을 받는 듯한 생생함을 선사한다. 이처럼 영상은 텍스트가 담지 못하는 맥락과 감각적 경험을 전달함으로써 학습의 한계를 확장한다.

인스타그램, 트위터, 틱톡 같은 SNS는 '스낵 컬처'의 대표주자다.
이들은 긴 글 대신 이미지, 짧은 글과 영상(쇼츠, 릴스 등등)으로 정보를 전달하며, 바쁜 현대인에게 최적화된 학습 방식을 제공한다. 예를 들어, '과학계의 인플루언서' 계정들은 세포 분열 과정을 애니메이션으로 설명하거나, 역사적 사건을 60초 릴스로 재구성해 공유한다. 이는 단순한 재미를 넘어, 복잡한 개념을 직관적으로 이해시키는 효과적인 도구가 된다.

또한, 트위터의 #책추천 해시태그나 페이스북 그룹에서의 주제별 토론은 전 세계 독자들과의 연결을 가능하게 한다. 한 사용자가 올린 "왜 마키아벨리의 《군주론》은 현대 사회에 적용되는가?"라는 질문에 전문가와 일반인이 함께 답하며 집단 지성이 발휘되는 순간, SNS는 살아 있는 학술 커뮤니티로 변모한다.

물론 디지털 학습에는 한계도 있다.
가짜 뉴스나 편향된 정보가 넘쳐나기 때문에, 출처 검증이 필수적이다.
예를 들어, 건강 관련 유튜브 콘텐츠 중에는 의학적 근거 없이 주장만 내세우는 경우가 많아 주의가 필요하다. 또한, 수동적인 정보 소비에 익숙해지면 스스로 사고하는 능력을 잃을 위험도 있다. 따라서 학습자는 정보를 수용할 때 항상 비판적 질문을 던져야 한다. "이 내용은 누구의 관점에서 작성되었는가? 다른 자료와 일치하는가?"와 같이 말이다.

이와 같이 책만이 스승은 아니었다. 우리는 이미 다양한 길로 경험의 한계를 넘어설 수 있다. 어떤 날은 우연히 본 유튜브 강연에서, "아이들에게는 지식을 전달하는 것보다 질문을 던져 주는 일이 더 중요하다."라는 강연자의 말이 내 가슴을 깊이 파고들었다. 그 한마디는 내 수업 방식을 많은 부분 바꾸어 놓았다. 정답을 알려 주는 대신, 아이들이 스스로 생각할 수 있게 질문을 던지는 수업을 시도하게 되었고, 그 변화는 생각보다 큰 울림을 만들었다.

또 다른 날은 한 학생이 "선생님, 이 유튜브 채널 되게 좋아요."라며 소개해 준 학습 콘텐츠 덕분에, 나조차 몰랐던 새로운 접근법을 배우게 되었다. 짧고 간단한 영상 하나였지만, 그 안에 담긴 문제 풀이의 직관적인 설명은 오히려 내가 아이들에게 가르치던 방식보다 훨씬 더 효과적이었다. 그때 나는 겸손히 배웠다. 나보다 어린 세대에게서도 얼마든지 새로운 스승을 만날 수 있다는 사실을.

책이 아니어도, 영상이 아니어도, 세상은 배움의 통로로 가득 차 있다. 어떤 날은 길을 걷다 우연히 들은 라디오 인터뷰 속 한 문장이, 하루

종일 내 마음을 붙잡기도 한다.
"성공은 완벽한 계획이 아니라, 불완전한 시작에서 비롯된다."
이 짧은 문장은 내가 학원 일을 하며 늘 '더 준비되면 시작하겠다.'는 핑계를 내려놓게 했다. 불완전해도 시작하는 것이 중요하다는 걸, 나는 그 순간 가슴 깊이 배웠다.

학생들에게서도 배움은 나로 전염된다.
아이들이 즐겨보는 웹툰을 우연히 들여다보다가,
"선생님, 이 캐릭터가 항상 실패하면서도 끝내 웃어요. 그래서 좋아요."
라고 말하는 걸 들었다.
그 한마디가 내게도 울림을 주었다.

또 어떤 날은, 아이들이 몰입하는 게임의 세계관을 통해 수학 개념을 연결 지어 설명했을 때, 그들의 눈빛이 환하게 달라졌다.
나는 그 순간 깨달았다.
경험의 한계를 넘는 통로는 내가 모르는 세계를 기꺼이 배우려는 마음에 달려 있다는 것을.
그러고 보면, 책이든, 영상이든, 짧은 대화든, 심지어는 게임 속 이야기까지도 다 '조용한 선생님'이 될 수 있다.
중요한 건 그것을 열린 마음으로 받아들일 준비가 되어 있는가 하는 것이다.

배움은 결코 거창한 자리에만 있는 것이 아니다.
책장 속 고전의 구절에서,
온라인 강연의 짧은 인사이트에서,
길을 걷다 우연히 들은 대화에서,
심지어는 아직 어린 학생들의 눈빛에서조차도
새로운 길을 가르쳐 주는 목소리가 들려온다.
그 목소리에 귀 기울일 때,
우리는 비로소 경험의 좁은 울타리를 넘어 더 넓은 세계와 연결된다.

그래서 나는 오늘도 책을 펼친다.
강연을 본다.
아이들의 이야기를 듣는다.
나 스스로의 경험에 머물지 않고,
나보다 먼저 길을 걸은 이들의 경험을,
또 나와 다른 세계를 사는 이들의 목소리를 기꺼이 받아들이기 위해서다.
그 작은 순간들이 쌓일 때,
비로소 우리는 자신만의 경험을 넘어서는 넓고 깊은 배움의 세계로 나아갈 수 있다.

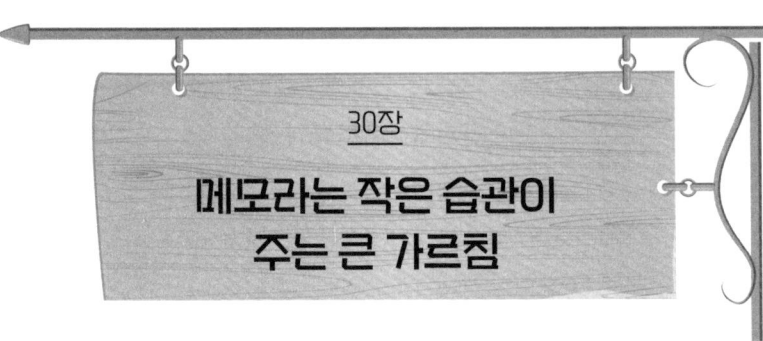

30장
메모라는 작은 습관이 주는 큰 가르침

나는 매일은 아니지만 종종 일기를 쓴다.

그 일기에 성경 말씀을 옮겨 적기도 하고, 때로는 내 마음에 와 닿은 구절을 묵상처럼 기록해 둔다. 주일 예배 시간에는 목사님의 설교를 들으며 스마트폰 메모장에 빠짐없이 받아 적는다. 설교를 다 기억할 수는 없지만, 기록해 두면 나중에 다시 꺼내 읽으며 깊이 새길 수 있다.

돌이켜 보면, 20대 중반부터 지금까지 내 삶에서 꾸준히 지켜 온 한 가지 습관이 있다면 바로 메모다.

나는 책을 읽을 때도 그냥 덮어 버리지 않는다.

어떤 책이든 읽고 나면 그 내용을 요약해 수첩에 정리한다. 처음엔 단순히 '잊지 않기 위해서'였다.

그런데 시간이 지나면서 깨달았다.

메모를 하는 순간, 단순히 읽는 것에 그치지 않고 '나만의 언어'로 다시 정리하는 일이 된다는 것을.

그렇게 정리된 한 문장은 몇 년이 지나도 내 안에서 살아 움직이며 생각을 확장시켜 준다.

애니메이션이나 드라마를 볼 때도 마찬가지다.

언뜻 가벼운 오락처럼 보이는 장면에서도 마음에 깊이 닿는 대사가 있다. 그럴 때면 나는 스마트폰 메모장에 재빨리 기록한다.

예를 들어,

애니메이션 〈종말에 뭐하세요 바쁘세요 구해주실 수 있나요〉에서 들었던 한 대사가 있다.

"포기와 각오는 본질적으로 같다. 어느 쪽이든 목적을 위해 자신의 소중한 것을 잘라내겠다는 결단을 가리킨다."

나는 이 문장을 메모해 두었고, 지금도 힘든 선택 앞에 서면 다시 꺼내 읽는다.

포기는 늘 나약함처럼 여겨졌지만, 사실 그것은 각오와 같은 얼굴을 가진다는 사실을 깨닫게 해 주었기 때문이다.

또 다른 작품 〈저 너머의 아스트라〉에서 카나타가 했던 말,

"절망적일 때 강한 척하라."

이 문장은 내가 인생의 어두운 터널을 지날 때마다 스스로에게 건네는 위로가 되었다.
강한 척이라도 해야 결국 그 시간들을 버텨낼 수 있었음을, 시간이 지난 지금은 안다.

드라마 〈추노〉의 이대길이 던진 대사도 내게 강하게 남아 있다.

"이 세상에 매인 것들은 다 노비인 거란 말이야."

나는 이 문장을 읽으며, 내가 집착하고 붙잡고 있던 것들이 사실은 나를 얽매고 있었다는 사실을 깨달았다.
자유는 무언가를 움켜쥐는 데서 오는 게 아니라, 놓아 버리는 데서 시작된다는 것을 이 한 줄이 가르쳐 주었다.

신앙의 길에서도 메모는 중요한 역할을 한다. [청파교회 김기석 목사님의 말씀 중 이런 구절이 있다.

"세상에서 즐거움을 누리는 것을 두려워하지 않되
분별력을 가지고 지향점을 잃지 않는 것이 중요하다.
하나님은 우리가 항상 행복하길 원하신다.
세상을 충분히 누리면서 살되 누릴 수 없다고 해도
불행하다고 생각지 않는 삶, 그것이 내적 자유다."

나는 이 말씀을 메모해 두었고, 이후 내 삶의 나침반으로 삼았다.
세상을 멀리하는 금욕이 아니라, 자유 안에서 즐길 줄 아는 균형(구속함 속의 자유함). 그 메시지가 내 마음을 지탱해 준다.

또 〈역시 내 청춘 러브 코미디는 잘못됐다〉라는 작품에서 주인공의 대사 역시 나를 일깨웠다.

"최소한의 노력도 하지 않은 인간에게는
재능 있는 인간을 부러워할 자격이 없어.
성공하지 못하는 인간은
성공한 사람이 쌓아올린 노력을 상상하지 못하니까
성공하지 못하는 거야."

나는 이 문장을 메모해 두었고, 아이들을 가르칠 때 종종 떠올린다.
노력 없는 부러움은 공허하다.
진정한 부러움은 상대의 노력을 이해하고 존중할 때에만 가능하다.

마지막으로 〈전생했더니 슬라임이었던 건에 대하여〉의 주인공 리무루가 남긴 말.

"힘없는 이상은 헛소리에 불과하고, 이상 없는 힘은 허무할 뿐이다."

이 문장을 처음 만났을 때 나는 긴 메모를 덧붙였다.
"나는 가르치고 이끄는 힘을 갖고 싶다.
그러나 그 힘은 반드시 내 옆의 아이들과 주변의 사람들,
그리고 나 자신을 성장시키려는 이상과 연결되어야 한다.
그렇지 않으면 내 힘은 공허한 것이 되고 말 것이다."

사실 나는 기억력이 좋은 편이 아니다.
어떤 책을 읽어도, 어떤 감동적인 말을 들어도 하루가 채 지나지 않아 흐릿해진다.
하지만 메모를 하면 다르다.
메모는 단순히 '외부 기억 장치'가 아니다.
그것은 내 마음을 붙드는 닻이 되고, 다시 돌아올 수 있는 길이 된다.

어떤 날은 메모 속에서 내 과거의 고민을 발견한다.
십 년 전, 서른을 갓 넘긴 내가 적어둔 한 문장
"나는 지금 잘 가고 있는 걸까?"
그 질문을 오늘의 내가 다시 마주한다.

그 순간 알게 된다.

나는 여전히 같은 길 위를 걷고 있으며, 다만 조금 더 단단해졌음을. 메모는 시간의 다리를 놓아 과거의 나와 현재의 나를 이어준다.

또한 메모는 나의 신앙 여정을 지켜 준다.

말씀을 기록하고, 기도의 순간을 간단히 적어 두는 습관은 결국 하나님과 나 사이의 대화록이 된다.

"주님, 오늘은 눈물이 많았습니다."

"감사합니다, 작은 일에도 위로를 주셔서."

이런 짧은 기록들이 쌓여 내 삶을 돌아보게 하고,

하나님께서 언제나 나를 인도하셨음을 확인하게 해 준다.

돌아보면, 메모는 단순한 습관을 넘어 배움을 지키는 방법이자 삶을 돌아보는 창문이 되었다.

순간의 깨달음은 쉽게 흩어진다.

그러나 기록해 두면 다시 꺼내 읽을 수 있고, 다시 묵상할 수 있고, 다시 나눌 수 있다.

내가 강연이나 상담 자리에서 누군가에게 전해 줄 수 있는 말 대부분은, 사실 한때 내가 어디선가 메모해 두었던 말들이다.

그리고 지금, 내가 이렇게 한 권의 책을 써 내려가는 일 역시 그 수많은 메모에서 비롯되었다. 작은 문장 하나가 씨앗이 되어 내 삶 속에서 자라났고, 언젠가의 메모가 오늘의 글이 되었다.

메모는 나를 배움으로 이끄는 습관이자,
결국 나를 글쓰기로 인도한 조용한 길잡이였다.
그래서 나는 오늘도 여전히 작은 수첩과 스마트폰 메모장을 곁에 두고 산다.
메모는 거창하지 않다.
그러나 그 작은 습관이 내 삶에 준 가르침은 결코 작지 않았다.
언젠가 내 아이들과 제자들에게도 이렇게 말해 주고 싶다.

"너희가 배운 것을 잊지 않으려면, 반드시 기록해.
메모는 단순한 글자가 아니라,
네 삶을 지켜 주는 또 하나의 기억이 될 거야."

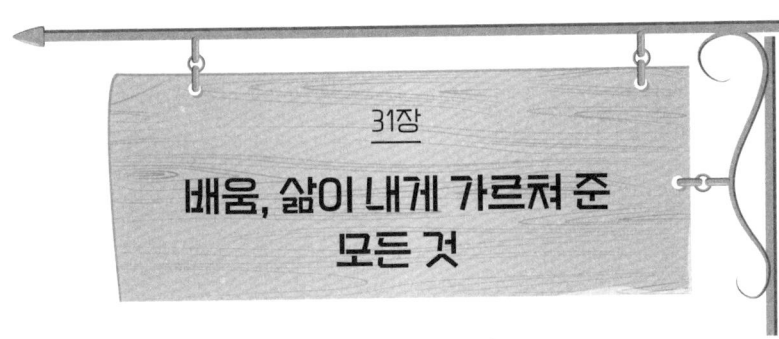

31장
배움, 삶이 내게 가르쳐 준 모든 것

이 책을 마무리하며…

나는 오랫동안 공부를 해 왔고, 또 가르쳐 왔다.
하지만 시간이 지날수록 확신하게 된 사실이 있다.
공부란 시험을 위한 지식 축적이 아니라,
살아가는 법을 배우는 과정이라는 것이다.
배움은 늘 삶의 한가운데 있었고,
내가 원하든 원하지 않든, 늘 나를 다듬고 이끌어 왔다.

나는 십 대 시절, 공부보다 다른 것들에 더 많은 마음을 빼앗겼다.
원하던 대학에 들어가지 못했고, 마지못해 들어간 전공에서도 열정을
쏟지 못했다.
그 시절 나는 자주 후회했다.

"조금만 더 노력했더라면"이라는 아쉬움이 가슴에 남았다. 그러나 돌이켜보면 그 시간조차도 나를 배우게 했다.

배움은 완벽한 순간에만 오는 것이 아니라,

실패와 공백 속에서도 자라난다.

살아가면서 가장 크게 나를 흔들었던 것은 "인정"이라는 이름의 그림자였다.

우리는 모두 인정받고 싶어 한다. 그러나 그 욕망이 지나치면, 진짜 나 자신을 놓치게 된다. 남들의 시선을 따라 사는 삶 속에서 배움은 방향을 잃는다.

진정한 배움은 누군가의 인정이 아니라,

내 안에서 울리는 목소리를 듣는 데서 시작된다.

아이들을 가르치며 나는 한 가지 사실을 절실히 알게 되었다. 그들은 공식보다 사람을 더 오래 기억한다는 것이다.

어떤 눈빛으로 바라보았는지,

틀렸을 때 어떤 말로 감싸 주었는지,

그 기억이 결국 배움의 씨앗이 되어 자라난다.

그래서 배움은 결국 사람을 통해 온다.

상처를 주는 사람도, 그 상처를 덮어 주는 사람도, 모두 내게 스승이었다.

누군가의 말 한마디,
혹은 기다려 주는 침묵 하나가 내 삶을 바꿔 놓았다.
말하지 않음의 배려, 기다림의 용기는 수많은 책보다 더 깊은 가르침을 주기도 했다.

배움은 공간을 가리지 않는다.
교실의 칠판 앞에서만이 아니라,
삶의 길목에서, 상담실의 침묵 속에서,
심지어는 아이의 눈빛 속에서도 깊이 다가온다.
경험은 배움이 되어 돌아오고,
새로운 도전은 뜻밖의 선물을 안겨 준다.

때로는 실패와 상처가 가장 깊은 스승이 된다.
배움은 상처 위에 핀다. 좌절과 아픔 속에서 우리는 단단해지고, 이전에는 보지 못했던 길을 본다.

배움은 또한 반복 속에서 자란다.
익숙한 것들을 반복하는 과정에서 새로운 가능성이 열리고, 우리는 조금씩 다듬어져 간다.
연마 없는 배움은 야만으로 흐르지만,
시간을 들여 연마한 배움은 결국 예술이 된다.

나는 수없이 많은 아이들과 대화하며 알게 되었다.
질문하는 사람이 결국 살아 있는 사람이라는 것을.
답을 아는 것보다 더 중요한 것은
좋은 질문을 품고 살아가는 것이다.
질문은 나를 성장하게 하고,
질문이 있는 공동체는 결코 무너지지 않는다.

우리는 '모른다.'라는 말을 두려워하지 않아야 한다.
모른다고 말할 때, 우리는 함께 설 수 있고,
함께 길을 찾을 수 있다.
아는 척하는 순간 배움은 닫히지만,
모른다고 고백하는 순간 배움은 열린다.

내 삶을 돌아보면, 내가 가장 후회하는 것은
도전하지 않은 순간들이다.
실패는 다시 일어설 기회를 주었지만, 시도조차 하지 않은 일들은 끝내 배움으로 돌아오지 않았다.
그래서 나는 안다. 배움은 언제나 도전하는 삶 속에서만 살아 있다는 것을.

그러나 모든 경험을 직접 할 수는 없다.
그렇기에 책은, 그리고 다양한 콘텐츠들은

내게 또 다른 길을 열어 주었다.
책은 경험의 한계를 넘어서는 조용한 선생님이었다.
역사책 속 인물에게서, 소설 속 대사에서,
심지어는 애니메이션이나 드라마 한 장면에서조차
나는 삶을 배우곤 했다.

특히 메모라는 작은 습관이 그 배움을 오래 지켜 주는 도구가 되었다. 메모하지 않으면 잊어버릴 것들을 붙잡아 두었고, 그 메모들은 훗날 다시 나를 가르쳤다.

이 모든 과정을 지나며 나는 알게 되었다.
배움은 방향을 묻는 일이며,
결국 본질로 향하는 길이라는 것을.
더 많이 아는 사람이 아니라,
더 깊이 배우는 사람이 되어야 한다는 것을.

오늘 내가 전하고 싶은 말은 단순하다.
배움은 특별한 순간에만 있는 것이 아니다.
책 속의 한 문장, 길을 걷다 스친 대화, 아이들의 눈빛, 심지어는 게임 속 이야기조차도 스승이 될 수 있다.
중요한 것은 그것을 받아들일 준비가 내 안에 되어 있는가 하는 것이다.

삶은 언제나 우리를 가르치고 있다.
중요한 것은 귀 기울일 준비다.

나는 이제 말할 수 있다.
배움은 곧 삶이고, 삶은 곧 배움이다.
이 둘은 결코 나눌 수 없다.
삶의 작은 순간을 헛되이 흘려보내지 마라.
그 순간마다 스승이 숨어 있고,
그 만남마다 나를 다듬는 손길이 있다.

오늘 내가 이 책을 마치며 전하고 싶은 마지막 권유는 이것이다.
삶이 내밀어 주는 작은 배움을 소홀히 하지 말라.
그 작은 배움들이 모여, 결국 한 사람의 삶을 완성한다.
그리고 그 배움은 다시 또 다른 이들의 삶으로 이어져 간다.
나는 오늘도 누군가의 삶에 한 잔의 커피 같은 배움을 권하고 싶다.
그 작은 한 잔 속에서,
다시 시작할 힘과 길을 찾게 되기를 바란다.

감사의 글

　이 책을 쓰는 동안 나는 수없이 멈추고, 되돌아보고, 다시 길을 찾아야 했습니다. 그 과정에서 나를 이끌어 주고 붙들어준 많은 분들이 계셨습니다.

　무엇보다도, 삶의 매 순간을 통해 배우게 하신 하나님께 감사드립니다. 눈에 보이지 않는 손길로 내 걸음을 인도하시고, 부족한 나를 배움의 길 위에 세워 주셨습니다.

　내 삶의 뿌리가 되어 주신 부모님께 깊이 감사드립니다. 아버지의 묵묵한 성실함과 어머니의 따뜻한 손길이 오늘의 나를 만들었습니다. 그리고 언제나 내 곁에서 묵묵히 함께해 주는 가족들에게도 마음 깊은 고마움을 전합니다.

　또한 지난 수십 년간 함께 울고 웃으며 배움을 나눈 수많은 제자들에게 감사를 전합니다. 나는 그들에게 가르쳤다고 생각했지만, 사실은 그들이 내게 더 많은 것을 가르쳐 주었습니다. 그들의 눈빛 속에서, 질문 속에서, 웃음과 눈물 속에서 나는 진짜 배움이 무엇인지를 알게 되었습니다.

　마지막으로, 이 책을 끝까지 읽어 준 당신께 감사드립니다. 내 삶의 조각들을 함께 걸어가며, 때로는 고개를 끄덕이고, 때로는 잠시 멈춰 사색해 주었다면, 그것만으로도 나는 충분히 기쁩니다.

  배움은 혼자가 아니라 함께 할 때 더 깊어지고, 더 멀리 갑니다. 당신과 이 여정을 나눌 수 있었음에 진심으로 감사드립니다.

참고문헌 및 인용

- 존 듀이, 《경험과 교육(Experience and Education)》
  "경험이란, 타인과 함께 살아가는 일에서 생겨나는 것."
- 존 메이슨, 《당신은 왜 그 길을 가고 있는가》
- 발타자르 그라시안, 《세상을 보는 지혜》
- 한강, 《소년이 온다》
- 빅터 프랭클, 《죽음의 수용소에서》
- 파커 J. 파머, 《가르칠 수 있는 용기》
  "우리는 다른 사람과의 진실한 만남 안에서 진짜 배움을 시작한다."
  "교사의 진심은 교실을 바꾼다."
- 헨리 나우웬, 《상처 입은 치유자》
  "당신이 받은 상처가 누군가의 위로가 될 때, 그 만남은 배움이 된다."
- 이철수, 《참 좋은 당신을 만났습니다》
  "말보다 마음이 더 깊이 닿을 때가 있다."
- 헨리 나우웬, 《상처 입은 치유자》
  "상처를 안고 있는 사람만이, 진정한 기다림의 자리에 설 수 있다."
- 김창옥, 《당신은 결국 무엇이든 해내는 사람》
- 김누리, 《우리의 불행은 당연하지 않습니다》
- 삼국지(정비석 평역본, 6권)

글쓴이에 대하여…

공부보다 다른 것들에 마음을 빼앗기며 분주하게 십 대를 보냈고, 인하대학교에서 화공·고분자·생물공학을 전공하였다. 그러나 대학 시절보다 더 오래, 더 깊게 붙잡아온 길은 '가르침'이었다. 대학 3학년 때 처음 학원 강단에 섰고, 어느새 25년째 수학을 가르치며 아이들의 곁을 지켜왔다. 현재 아이맥학원을 운영하며, 단순한 학업 지도가 아닌 삶과 마음을 나누는 길을 걷고 있다.

심리상담사 1급, 가족심리상담사 1급, 감정조절상담사 1급 자격을 바탕으로 많은 이들을 상담하며, 배움은 곧 사람을 돌보는 일임을 경험하고 있다.

2021년에는 지역사회의 평생교육발전에 기여한 공로로 고양시장 표창을 수상하였다.

인스타그램
@WANG_SU.LEE

**오늘도 나는 당신의 삶에
한 잔의 커피를 권합니다**

ⓒ 이왕수, 2025

초판 1쇄 발행 2025년 12월 1일

지은이   이왕수
펴낸이   이기봉
편집   좋은땅 편집팀
펴낸곳   도서출판 좋은땅
주소   서울특별시 마포구 양화로12길 26 지월드빌딩 (서교동 395-7)
전화   02)374-8616~7
팩스   02)374-8614
이메일   gworldbook@naver.com
홈페이지   www.g-world.co.kr

ISBN   979-11-388-4902-9 (03810)

- 가격은 뒤표지에 있습니다.
- 이 책은 저작권법에 의하여 보호를 받는 저작물이므로 무단 전재와 복제를 금합니다.
- 파본은 구입하신 서점에서 교환해 드립니다.